기일혜 수필집 37집

나를 강하게 하는 것들

기일혜 수필집

서른일곱 번째 이야기

나를 강하게 하는 것들

크리스찬서적

머리말

이번에는 다른 때보다 일찍 수필집(37집)이 나왔다. 나름대로 이야기가 좀 많아서.

수필집 제목을 정하면서 많이 고심했다. 제목을 여럿 정해 봤으나 며칠 지나고 나면, 다 아니었다. 원고 마감 날은 다가오는데, 오늘 새벽에 무릎을 꿇었다. "하나님 제목을 주세요. 저 너무 힘들어요. 가르쳐주세요."

기도한 뒤. 내가 살아온 날들이 뒤돌아봐진다.

내가 연약하기에 더 연약한 사람을 좋아하고 섬기다가 보낸 삶이 대부분이다. 한때는 허송세월했다! 자책하고 괴로워도 했으나, 허송세월 속에서 많이 성숙하고 강해진 나를 보았다. 이 허송세월 같은 삶도 하나님의 은혜임이 깨달아지고! 감사하는 마음에서 저절로 우러나온 제목이 "나를 강하게 하는 것들"이다.

약한 것들이 나를 강하게 만든다. 내 약한 것들을 자랑한다.

2018년 6월 30일

기일혜

차례

1부 | 찬란한 하루

2부 | 윗 물꼬가 넉넉해야

3부 | 창경원에 38번 간 사람

1부

찬란한 하루

내가 본 아름다운 신부

결혼식장에서 보는 신부는 다 아름답다. 이번에 본 신부는 수원에서 목회하시는 고 목사님의 며느리가 되시는 분이다.

결혼 예복을 벗고 하객들에게 인사하는 신부는, 연한 분홍 반코트의 단정한 옷차림. 내면의 경건미가 더해진 격조 높은 아름다움이 성결하기까지 하다.

세상에서도 며느리 잘 맞이하는 걸 천복, 하늘이 내린 복이라고 한다. 그토록 경건하게 아름다운 며느리를 새 가족으로 맞이하시다니! 경탄 경탄이다.

제주 서귀포 성산에서, 여수 화정면 상화리 꽃섬으로 시집와서 처음으로 예수님 믿고. 어머니 목사(수원) – 큰아들 목사(제주도) – 작은아들 전도사(서울 근교) – 고 목사님 세 모자母子가 모두 목회자의 길을 걷고 있다.

가족과 시댁 구원하고, 뭇 영혼을 구원하는 생명의 어머니가 되셨으니, 고(금선) 목사님은 하나님께 영광 돌리는 만세에 복된 여인이다.(나의 나 된 것은 오직 하나님의 은혜라고, 고 목사님은 강조, 강조하신다.)

일본에서 온 꽃다발

귀여운 장미 벌써 지나이까 / 내 애인에게 꽂혀 줌도 없이

5월에 갓 피어나는 장미를 볼 때마다 괴테의 이런 시구가 떠오른다.

이 장미의 계절에 나는 특별한 꽃다발을 받았다. 일본에서 보내온 꽃다발이다.

야기누마 사모가 요코하마 사모 편에 보내온 것. 우리 집 방문 때, 꼭 꽃을 사 가지고 가시라고 주신 흰 봉투. 언제 꽃 사러 갈 시간이 없었다면서 내게 내민다.

'바다 건너 일본에서 온 마음의 꽃다발'

5월의 장미꽃은 곧 시들어 버리지만 야기누마 사모가 보낸 마음의 꽃다발은 오래 남아서 그를 생각나게 할 것이다. 누군가를 생각한다는 것은 내 고된 인생길에서 잠시 향기로운 꽃밭이 되어 나를 쉬게 할 것이다.

나는 설레고 싶다

인천 경희 님께 전화한다. 책이 나왔으니 곧 갖다 드리겠다고. 그 댁 가까운 지하철역 '부천시청역' 앞에서 만나자고 하니, 기어히 우리 집까지 오시겠다고. 이유는 간단하다.

"…설레이면서 가고 싶어서요."

"아아아! 그러세요. 우리 집을 설레면서 오고 싶다고요? 그럼 우리 집에 들어오지는 마셔요. 뭘 사 가지고 오시는 것 아주 싫어요. 너나없이 다 힘든 삶인데, 개찰구 앞 쉼터에서 만나요." 나는 책 20권을 들고 집 앞 지하철역으로 나가면서 생각한다.

'작가님 댁으로 가는 동안 설레면서 가고 싶어서요.'

나를 수십 번 만났는데, 그런 설렘이 아직도 남아 있다니… 아니다. 그건 내게 뭐가 있어서가 아니다. 그에게 꺼지지 않는 사람에 대한 신비감 그리움 설렘이 있기 때문이다. 그런, 사람에 대한 그리움 같은 게 내게도 지금 남아 있을까? 경희 님의 순진무구한 설렘이 정말 부럽다.

강매江梅역에서

강 선생님. 어제는 종일 비가 내리더니, 오늘은 푸르게 다사로운 날이었지요.

강매역 부근 산책길은, 그곳으로 이사 가서 날마다 걷고 싶을 만큼 좋았습니다. 당신의 온화한 청색 차림은 내 시야를 계속 푸르게 시원하게 했습니다. 짙은 청회색 원피스에 연한 청색 여름 머플러, 단정한 구두까지. 청색이 다사하게 어울리는 사람을 오늘 처음 보았습니다. 왜 그럴까? 생각 중입니다.

청색은 차분한 이성 지성의 색으로 대개는 차가운 인상인데, 강 선생 마음속의 어떤 온화함이 그 차가움을 녹여 '다사한 청색'이라는 신비로움을 만들어 내는지, 참 모르겠습니다. 60여 년이라는, 당신 내면의 '아린 삶'이 만들어 내는 것 아닐까요?

오늘, 강 선생 당신 집에 갔을 때, 내가 막 들어서면서 보라고—현관 입구에서 잘 보이게 놓인 베란다의, 타는 듯한 선홍색 제라늄 송이송이도 잊을 수가 없습니다.

내 맘에 있으니까

지하철 4호선 이촌역에서 환승해서 경의중앙선 문산행 전철에 앉아 있다. 목적지 역까지는 4, 50분 걸린다. 그동안 나는 생각한다. '나는 왜 오늘 그를 만나러 가는가.'

그와 나는 여러 번 만나지도 않았고 깊은 대화를 나눈 적도 없다. 오늘 만남에도 특별한 용건은 없다. 나는 왜 오늘 그에게 가고 있는가?… 아주 친밀하지도 않으면서.

'그런데 이상하게도 그는 오래전부터 내 맘에 있는 사람이라는 생각이 든다.'

그의 결혼 때도 나는 관심을 보냈다. 결혼 후에는 그가 사는 베란다가 넓은, 아파트에도 가 봤다. 왜 그랬을까?

그가 소문난 효녀이고 검박儉朴한 생활인이고 신실한 생활 예배자여서? 아니다. '내 맘에 있으니까' 간다. 그는 연약한 부분이 있는 여인이다. 누구나 연약하면 내 맘으로 들어온다. 그를 위로하고 격려하고 힘주어야 한다. 나는 오늘 내 맘으로 가는 게 아니다, 내 안에 있는 예수님 맘으로 간다. 좋아하는 마음보다 사랑하는 마음으로 간다.

내 친구가 되는 조건

순천 황순정 님을 찾아서 갔다가 근처 박혜옥 님 댁에서 저녁을 들게 되었다.

오래전, 한 20년 전에 순천 대대교회에 가서 집회한 적이 있다. 그때, 박혜옥 님은 그 교회 권사님이었다.

그때도 내 강의는 '가난을 만드는 생활예배'가 주제였다.

이번에 순천 이 장로님이 박 권사에게 '우리 집에 기일혜 강사가 오니, 그날 당신도 오면 좋겠다'는 전화를 넣었다. 그러자, 그는 이렇게 말했다.

"어쩔까, 나 그동안 가난을 만들면서 살지 못했는데…".

그는 20년 전 내 강의를 잊지 않고 있다. 그런 말이 순간적으로 나왔다는 것은 평소에 그 말씀을 마음판에 새기고, 가난 만드는 삶을 살아가는 분이라는 것을 말해 주고 있다. 그와 내가 친구가 되는 데 이보다 더 확실한 증거가 있겠는가.

예수님은 요한복음에서 우리를 친구라고 하셨다.

"너희는 내가 명하는 대로 행하면 곧 나의 친구라"(요한복음 15:14).

심심해서 보낸 10만 원

막냇동생에게서 전화가 왔다. "언니. 내 통장에 10만 원이 입금됐는데, 누가 보냈는지 도대체 모르겠네, 혹시 언니가 보낸 것 아니지? 보낼 만한 사람이 없는데…."

그렇게 하루를 보내고 동생은 다음 날 오빠에게 전화한다.

"…어디서 누가 10만 원 보냈네요. 이름도 안 밝히고. 내가 아는 사람 몇 사람에게 전화해 봐도 다 안 보냈다고 하고. 참 이상한 일이네요."

"내가 보냈다… 심심해서…."

나는 이 얘기를 전해 듣고 오빠를 다시 생각한다. 사람들은 심심하면 친구 만나 차 마시고 점심 먹고 여행이나 관광 가고 좋아하는 책 사서 읽든지… 오빠는 가끔 책을 사서 지하철 타고 종점까지 두어 시간 가면서 책 한 권을 거의 다 읽는다.

그러나 '심심해서' 누구에게 돈 부친다는 동화 같은 얘기는 아직 못 들었다. 최고의 지성과 자의식으로 무심할 때도 있지만 오빠는 돈의 '사용 가치'를 아는 진정한 휴머니스트다.

5만 원에 담긴 믿음

어느 친지에게서 전화가 온다. “여기 온수역이어요. 30분쯤 뒤에 남성역으로 나오세요.” 갑작스런 전화받고 부랴부랴 나간다. 시간이 돼서 친지가 개찰구 쪽으로 나온다. 그는 개찰구 밖으로 나오지 않고 안에 서서, 내게 흰 봉투를 쥐여 준다.

“바깥 선생님이 입원하셨는데… 남편한테 10만 원 타서, 내가 5만 원 쓰고 5만 원만 넣어 가지고 왔어요. 지금 가스 불에다 뭘 올려놓고 와서 금방 가야 해요.”

남편에게 10만 원 타서, 봉투에는 5만 원 넣게 된 얘기만 하고 변명도 않고 총총히 간다. 변명도 할 줄 모르는 천진함이 아직도 사람에게 남아 있구나.

막내딸이 엄마에게 말하듯 나에게 5만 원만 넣었다고 하고 걸음을 재촉한다. 10만 원 다 준 것보다 고맙다. 나한테는 변명 안 해도 다 알아줄 것이라는, 철석같은 믿음이 있다.

진실로 감당하기 어려운—5만 원에 담긴 나에 대한 그의 믿음이다.

찬란한 하루 – 사람을 만나야 한다

'오늘 누구를 만날까?…'

'사람을 만나고 싶다. 살아 있는 사람, 영혼이 있는 사람'. 마음이 메마를 땐 사람을 만나야 한다. 사람에게는 마음을 살리는 선약仙藥이 있다.

내가 집안일을 하다가 피곤해하면 남편은 노상 이 말을 한다. "들어가서 쉬지 그래. 자라고. 푹 자라고."

맘대로 잠이 오나, 그리고 잔다고 풀릴 내 피곤도 아니다. 남편이 들어가서 쉬라고 할 때마다 나는 내 방으로 들어와서, 인터넷으로 하나님 말씀을 듣거나 좋아하는 책을 펴들고 읽고 있으면 신기하게도 피곤이 풀린다. 내 피곤은 육체노동으로 고단해서라기보다 마음이나 영혼의 양식이 부족해서 목마르고 허기질 때 일어난다. 허기진다는 표현이 적절하다.

오늘은 누구를 만날까? 하다가, 양평 서후리에 갖다 드릴 것도 있고, 오늘은 고 선생을 만나고 싶어진다. 뭔가 다급해진 심정으로 고 선생에게 전화한다.

"…오늘 만나고 싶은데, 시간 있으세요?"

"어떡하나, 남편이 차를 가지고 나가서… 내일은 괜찮아요. 남편에게 차를 두고 가라고 하면 돼요…. 내일, 일찍 올수록 좋아요."

"춘천 가는 것 타지요?"

"아니요. 춘천 가는 것 타면 안 돼요. 용문 가는 것, 경의중앙선, 양수역."

"알았어요. 내일 첫차 타고 갈게요."

남편이 첫차는 5시 46분이라고 한다. 5시에 일어나 남편 아침 준비하다 늦어서 그다음 지하철에 오른다. 7시 20분쯤 양수역에 도착. 고 선생과 서후리의 아침이 나를 반긴다.

찬란한 하루 – 언니는 철의 여인이야

잔디 마당 옆. 정원용 우산 밑에서 고 선생과 커피를 마시고 있는데, 동생에게서 전화가 온다.

"언니 어디야. 노량진에 전복 사러 왔다가, 시간이 좀 남아서…."

"그러니? 나 지금 양평 서후리에 와 있어. 오늘 새벽 5시에 일어나서 6시 전철 타고 왔다. 지금 커피 마시고 있는데 산 공기가 너무 좋다."

"아무튼 언니는 철의 여인이야 철의 여인!"

"그러냐. 하하하… 어떡하냐, 내가 집에 없어서."

동생에게 미안해하면서, 옆에 있는 고 선생에게 말한다.

"나더러 언니는 철의 여인이라고 하네요. 동생이."

"철의 여인, 새롭네요. 안 듣던 말이라 그런가."

"철의 여인, 너무 강하지 않아요. 내가 무슨 대처 같은 여인도 아닌데, 물론 마음을 말하겠지만 그래도 느낌이 강렬해서…."

내 수필집(37집) 제목에 대해서 얘기하던 중이라, 고 선생에겐 '언니는 철의 여인이야'라는 말이 더 새롭게 들렸던 모양.

내가 37집 제목으로 "내 맘에 있는 사람" 어떠냐고 하니, 고 선생이 "선생님 책 제목에 사람 많이 나와요" 한다. 맞다. 나는 그것도 모르고 있었구나.

내가 37집 제목으로 "내 마음에 있으니까" 하니, 고 선생이 "내 맘에 있었군요"가 더 낫지 않느냐고. 그렇다. 더 자연스럽고 정답기도 하다.

결국 37번째 수필집 제목은 '나를 강하게 하는 것들'로 바꿨지만. 언어에 대해서 예리한 감각을 가진, 고 선생을 안 사실이 그날의 큰 수확이었다.

찬란한 하루 – 커피 두 잔

찬란하다–는 말을 함부로 써서는 안 된다. 이 말 외에 달리 표현할 수 없을 때만 써야 한다. 일생에 몇 번만, 아껴서 써야 한다. 그 지고의 화려함에 눈이 부시니까.

겹겹이 둘러싸인 산. 산 틈으로 보이는 연한 코발트빛 맑은 하늘, 맑은 햇빛과 공기로 찬란하게 빛나는 시간과 공간 속에서, 고 선생과 나는 커피를 두 잔이나 마신다. 이와 비슷하게 찬란한 날이 내 젊은 날에도 한 번 있었다. 데뷔 시절. 어느 여성 시인과 나는 한국 시인의 대표 격인 원로 시인 두 분과 함께 커피를 마시게 되었다. 신인新人인 우리들에겐 드문 일이었다.

그날. 젊은 신인들의 문학에 대한 풋풋한 열정과 원로들의 원숙함이 어우러져 문학 얘기가 만발했을 때. 한 원로 시인은 커피 한 잔을 더 시킨다. 그는 여종업원에게 약간 흥분한 큰 목소리로 '따블로!' 해서 우리가 많이 웃었다.

그 뒤. 커피 두 잔 마실 찬란한 분위기는 내게 없었다.

그런 내가 나이 80 다 된 지금, 고 선생 댁에서 커피를 '따블로!' 마신다. 특별하게 커피를 좋아해서라기보다 찬란함 때문이다. 이런 날에는 커피를 어떻게 한 잔만 마시겠는가. 두 잔, 그 이상이라도 마시고 싶어진다.

내가 특별히 구해 가지고 간 커피를 두 잔이나 마시면서 우리의 대화는 구수함 향기로움 속으로 들어간다. 이런 경지를 사람들은 '신선놀음'이라고 할지도 모른다. 그러나 내겐 땅과 하늘의 중간쯤에 있는 '더 경건한 평안'의 경지다.

찬란한 하루 – 덕소를 지나면서

지하철 7호선 상봉역에서 환승해, 용문행 경의중앙선에 오르면 6번째가 덕소역이다.

덕소역을 지나면서 나는 감회가 깊어진다.

비바람이 세차게 몰아치는 여름날. 하늘색 한복 치마저고리를 입은 강 선생이 우리 집 현관으로 들어온다. 우산을 썼어도 그의 치맛자락은 비에 젖었고 머리도 젖어 있다. 물이 뚝뚝 떨어지는 그의 우산을 받으면서 내가 묻는다. "뭘 이렇게 무겁게 들고 오셔요. 이 빗속에."

"요 근처 사는 시댁 친척 집에 결혼식이 있어서 왔다가, 음식이 많아서 기 선생님 아들들 주려고 많이 싸 달라고 해서 갖고 왔어요."

그는 우리 집에 몇 번 와서 초등학교 3, 4학년인 우리 애들을 기억하고 있다. 그는 왜 기 선생 아들들까지 그렇게 생각하고 있을까? 한 40년 전으로 거슬러 올라가야 한다. 그는 내가 소설 쓰면서 만난 친구다. 결혼도 않고 오로지 소설에만 청춘을 바치고 있던 그는 고지식할 정도로 수수하고 건실했다. 그런 그가 선배 작가에게 마음의 상처를 크게 받고 세상으로 난 문을 닫았다. 덕소 어느 농가의 작은 방을 얻어서 두문불출하고 있었다. 어떻게 소식을 들은 내가 버스 타고 물어물어서 그가 산다는 덕소까지 찾아갔다.

그는 채송화 꽃밭 마당가에 햇빛을 받으며 초췌하게 앉아 있었다. 무심코 그의 손톱을 보니, 이리저리 굽어 있고 꺼뭇꺼뭇 뒤틀려 있다. 그의 건강이 최악 상태라는 증거다. 놀란 내가 그를 끌고 병원으로 갔고… 그 뒤, 그는 치료를 잘 받고 회생했다. 다시 글을 쓰고 늦었지만 결혼도 하고, 지금은 경기도 수원에서 잘 살고 있다.

그는 자신이 상처 받고 아파서 살고 싶지도 않을 때, 도와준 기 선생 애들 주려고 거센 비바람 속에 잔치 음식을 싸 들고 왔다. 새끼에게 먹이 물어다 주는 어미 새처럼, 그는 남의 아이도 내 아이처럼 잔치 음식 먹이려고 악천후 속에 찾아온 속정 깊은 사람이다.

그날, 주체도 못하는 한복을 질질 끌면서 우산 들고 먹을 것 들고 들어오던, 충직하고 진정스런 강 선생 모습이 눈에 선하다. 요령이나 편법을 모르는 진실의 덩이－그가 보고 싶다.

찬란한 하루 – 고흐와 모네

고 선생 댁에는 네덜란드 반 고흐 미술관에서 직접 구입했다는 그림 두 점이 있다. 〈배꽃〉, 〈밀밭〉. 강렬한 색상이나 터치가 아니고 잔잔한 밀밭, 무언가 소곤거리는 듯한 배꽃 송이들. 배꽃에 마음이 가서 그 밑에 한참 주저앉아 보기도 했다.

고흐 그림에는 그의 고뇌한 영혼이 녹아 있다.

서후리 숲에서 집으로 오면서 나는 고흐 그림을 마음에 안고 왔다. 집에 와서, 허전한 마음이 그림 좋아하는 친구에게 전화한다.

"내가 집으로 오면서 보니까, 서후리에서 본 고흐 그림을 내내 안고 있어요. 모네 그림에는 한계(?)가 느껴져요."

내 말에 얼른 대답을 않고 친구는 모네 그림 얘기부터 한다.

"몽소 공원은 한 일주일 보아도 되고 수련은 한 달도 더 볼 수 있어요."

그러면서 친구는 모네 그림이 내가 느낀 것처럼, 그렇게 한계성을 드러내는 건 아니라고 하면서 말한다.

"사람이란 고뇌만 하며 살 수도 없지요. 일상이 있어야…

평범한 삶의 아름다움을 모네는 얼마나 잘 표현했느냐고요."

친구는 호기심 많은 내가 무엇에 홀린 듯이 빠져 있을 때, 정신 차리게, 중심을 잃지 않게 도와준다.

성숙은 평화 시時에 이뤄진다는 말도 있다. 모네는 내가 평화로운 마음으로 살아가게 한다.

찬란한 하루 – 벵갈고무나무

'다시는 나무를 사지 않으리.'

몇 년 전의 굳은 결심을 나는 잘 지키고 있다. 이 결심이 고 선생 댁 현관 밖에 있는 벵갈고무나무를 보자, 흔들린다. 전부터 그 나무를 볼 때마다 미미한 요동이 일다가 이번에 터져버렸다고나 할까. 나는 고 선생 앞에서 유치하게 말한다. "집에 가서 벵갈고무나무를 살 거야. 여러 그루를 사서 숲을 만들 거야." 무슨 일낼 것 같은 단호함으로 내가 얘기하니, 침착한 고 선생이 다독인다.

"선생님 댁 거실 창가에 놓으면 좋겠네요. 얘가 따뜻한 햇빛을 좋아한대요. 선생님 너무 큰 것 말고 알맞게 자그마한 것을 사세요. 너무 크면 시야를 가리니까요."

"예예 그래야지요. 내가 왜 이 나무를 좋아하냐면, 잎 좀 보세요. 보통 고무나무 잎은 무겁고 칙칙한데 이건 색이 연하고 부드럽고 귀티가 나요. 귀부인 같지요."

벵갈고무나무 숲을 거실에 둔다는 희망은 나뭇값이 굉장히 비싸다는 현실에 그만 꺾이려고 한다. 그러나 나는 그 댁에서 벵갈고무나무 숲이 있는 거실을 그리면서 마음에 찬란한 벵갈고무나무 숲 하나를 지니게 되었다. 가끔 생각만으로도 거닐 수 있는.

서후리에 다녀온 지 한 일주일 뒤, 고 선생이 전화 중에 벵갈고무나무를 이야기한다.

"…선생님 그날, 벵갈고무나무를 한 열 번은 더 끌어안고, 어쩔 줄 몰라 했지요. 오랜만에 만난 그리운 사람과 해후하는 것처럼…."

"내가 그랬어요? 그런데 지금은 그 나무를 다 잊었어요."

"아마 그 나무 서너 그루로는 성에 안 찰 거예요. 마음속에 그 나무숲을 가지고 있으니까."

그렇다. 환상으로라도 무얼 가져 본 자는 그 실물實物을 많이 그리워하지 않는다. 그렇듯이 – 마음에 천국이 있는 자는 이 세상 눈에 보이는 것에 현혹되지 않는다.

찬란한 하루 – 층층나무 층층나방

서후리 고 선생 댁에 내리니, 바람에 날리는 눈송이처럼 보이는 게 있다. "저게 뭐예요?" "층층나방이요. 층층나무 먹고 산다고 층층나방이라 하나 봐요." 나방이 먹고 사는 층층나무 잎은 대개는 다시 살아난다고 한다. 자연의 공생관계다.

내가 층층나방을 계속 바라보니, 고 선생이 말한다.

"벚꽃 날리는 것 같지요?" 내 눈에는 함박눈 송이로 보인다. 아득히 날리는 흰 눈송이. 눈을 좋아해서 눈송이로 보이나. 층층나방에 취해 있는 나를 고 선생이 깨운다.

"인터넷 찾아보세요. 더는 잘 몰라요."

층층나방은 온종일 낮잠도 안 자고 날고 있다.

뒷마당에서는 땅으로부터 한 1,2미터나 떨어졌을까? 검은 이파리 같은 것들이, 떼를 지어 날고 있다. 검은색은 어린 날 물가에서 본 물잠자리 색깔이다. 궁금해서 묻는다.

"저건 이름이 뭐예요?" "땅나방. 내가 지었어요."

고 선생은 아담처럼 나방 이름도 짓고. 여기가 고 선생 부부가 만든 에덴동산이다.

찬란한 하루 – 감사

오늘. 찬란한 하루가 있기까지, 이들 부부는 얼마나 많은 날들을 수고했을까? 설계하고, 산속까지 자재를 사 나르고, 목수를 불러서 부부가 만든 설계도대로 집을 짓고. 일하는 사람들 밥을 해 주고. 이 하루가 있기까지 수백 날을 고생하고 잠 못 드는 밤도 있었을 것이다. 그리하여 층층나방 흙나방이 춤추고 새들이 노래하고 개울물 소리 맑은 태초의 동산 같은 곳이 만들어졌다.

집주인은 이 아름다운 동산을 해외에서 수고하시는 선교사님들이 쉬어가는 휴양소로 내놓으셨다. 지금 많은 선교사님들이 다녀가시고 있다. 고 선생이 상담 전문이니까, 선교사님들의 안식과 치유가 동시에 이루어지는 곳이다.

잠시 혼자 개울가에 앉아 있는데 저쪽에 포클레인이 보인다. 비가 많이 오면 축대나 개울가 둑이 무너지니까, 포클레인은 이곳에 있어야 할 필수품이다. 산속에서 사람이 살려면 생활의 기술과 지식이 필요하다고 포클레인은 말하고 있다.

찬란한 하루 – 22시간 반

서후리에서 돌아와 그림 좋아하는 친구와 통화한다.

저녁 8시 반부터 다음 날 2시 반까지 6시간 동안의 긴 통화. 주제는 서후리에 가서 보낸 찬란한 하루.

그날 새벽 5시에 일어나서 양평 서후리에 갔다가 오고.

집에 와서도 다음 날 새벽 2시 반까지 친구와 전화하고. 22시간 반을 나는 살았다. 많이도 살았다. 한꺼번에 이렇게 많은 삶을 산 기억이 별로 없다. 한 번 있다.

무주 어느 호두나무가 많은 동네에 집회 갔다가, 거기 시골 할머니들이 하루만 더 집회해 달라고 놓아주지 않아서, 마지막 날 저녁 수요 집회를 두 번이나 하고. 그 교회 목사님, 사모와 새벽 4시까지 얘기하고, 한두 시간이나 잤을까.

그날 서울로 올라와서, 그날이 며느리 생일이라, 떡집에 들러 떡 사 가지고 가고… 그땐 젊었다. 나이 들어서도 삶이 다양하게 많아지니까, 가끔은 체력을 초월해서도 살아진다.

하나님 자녀를 신神이라 한 말씀처럼 나,라는 인간도 가끔은 불가사의하다.

찬란한 하루 – 여담餘談

서후리 숲에 다녀온 뒤. 고 선생과 내가 휴대폰으로 주고받은 문자 서신이다.

"그날(5월 12일)은 찬란했습니다. 옥에 티가 있었다면 고 선생의 글–친구가 감탄해서 이거 누구 시詩야? 했다는–그 글을 제대로 감상 못한 일입니다. 흥분과 자의식과 둔감 때문에. 수고스럽지만 그 글 좀 문자로 보내 줄 수 없나요?"

"무슨~ 널리 보이고 싶은 게 아니고… 내 맘을 공감해 줄 수 있는 분께 내 맘의 기쁨, 서글픔을 열어 보여 드리고 싶었었죠~."

"잘 알았습니다. 편한 내로 하세요. 지는 제 불찰로 인한 미안함을 전했을 뿐입니다."

"그리고 찾아보니까, 층층나방은 황다리독나방이라고 하네요. 가루가 몸에 닿으면 알레르기를 일으킨답니다~ 하얀 배추흰나비와는 다르다는군요~ 우리 눈에는 예쁘기만 한데요."

"고마워요. 그럼 이제–그 찬란한 하루를 맘 놓고 고이 간직하겠습니다. 옥에 티도 빼고요."

마거리트 피어 있는 집 1

60대 초반. 캐나다 토론토 어느 교회에서 집회가 있었다. 내 숙소는 마거리트가 집 앞뜰에 가득 피어 있는 그림 같은 집. 미모의 중년 여자 혼자 사는 집인데, 그 집은 마거리트 흰 꽃 이파리처럼 깨끗 깨끗해서 내 몸에서 먼지라도 떨어질까 봐 극도로 조심이 되는 집이었다.

그 집은 밖에서 마거리트 꽃밭만 바라보아야지, 집 안으로 들어가서 숨을 쉬고 살기는 불편한, 지나칠 정도로 정리 정돈이 잘 된 집이다. 그 집 안의 극도의 청결함이 주는 낯섦에서 잠도 설쳤던 기억이다. 티도 안 뜨는 맑은 물에는 고기도 못 산다는 말이 있다. 그래도 위안이 하나 있었다면 어린 손자가 와서 서툴게 한글 쓰기 연습한 공책을 보았던 것.

손님이 온다고 내가 유난을 떨면서 청소하고 치우면 남편은 '사람 사는 집이 어질러지기도 하고 먼지도 있지. 어디 깨끗하기만 할 것인가' 하는데, 이 말이 참 위안이 된다.

그렇다고 내가 이 마거리트 집을 탓하는 건 아니다.

청결도 하나의 미덕이라고 생각한다.

마거리트 피어 있는 집 2

5월 16일. 조갑숙 님이 돌보고 있는 산촌 어느 할머니 집으로 지환 사모와 같이 갔다. 읍내 지환 사모 댁에서 한 40분 걸리는 산속 마을. 넓은 마당에는 마거리트가 한창이고 수국도 만발했다. 마거리트의 청순함, 수국의 탐스런 부드러움을 흠뻑 마시고 방으로 들어간다.

할머니는 91세. 약간 치매기가 있다. 할머니는 보행이 불편하면서도 텃밭에 나가서 풀을 매려고 한다. 다른 요양사들은 호미를 감추고 못 나가게 하다, 할머니와 싸우고 그만두기도 하고. 할머니가 앉은걸음으로 밭을 매면 바지는 물론 옷은 다 흙투성이가 된다.

그 흙투성이 옷 빨기를 어느 누가, 자녀인들 좋아하겠는가. 그런데 조 권사님은 할머니 손에 호미를 쥐여주면서 마당으로 내보낸다. 하고 싶은 대로 하시라고. 햇빛을 받으면서 풀을 뽑으니까 할머니는 혈색도 좋아지고 식욕이 나서 식사도 더 잘하신다. 조 권사님은 예수님의 긍휼지심으로 치매 노약자를 돌보는 숭고한 한 떨기 마거리트이다.

기정떡 어디 갔는가?

저녁 후. 낮에 온 문자를 생각하다가, 남편에게 무심히 말한다. "내일 기정떡 온대요."

남편은 별말 없이 앉아 있고, 나는 주방에서 이것저것 치우는데 갑자기 남편이 묻는다.

"자네 지금 그 기정떡 누구에게 줄까, 생각하고 있지?"

"아니요. 이미 정했어요… 아까 문자 받았을 때. 떡 좋아하는 친구, 그에게 주려고요. 아니, 당신도 기정떡 좋아하지. 그런데 당신은 지난번에 많이 들었잖아요."

며칠 뒤. 떡 보낸 이와 얘기 나누다가, 떡을 한 상자 받았다고 하니, 한 세트 두 상자 보내라고 했는데 착오로 한 상자만 보냈다, 다시 한 세트 두 상자를 더 보내겠다고 한다.

며칠 뒤. 기정떡 두 상자가 왔다. 이 떡을 누구에게 줄까? 지난번에 떡 받으시고 '아들딸 손자 손녀까지 잘 나누어 먹었다'는 친구를 생각한다. 그렇게 잘 나누어 먹다니 '상급으로 한 상자 더!' 주기로 한다.

기정떡 두 상자가 온 사실을 안 남편이 묻는다.

“기정떡 어디 갔는가?”

“주인(하나님)이 가라는 데로 잘 갔겠지요.”

물질 만능 시대에 물질의 주인이신 주님은 늘 주시한다. 인간들이 내 물질을 어떻게 쓰고 있나? 쌓아놓고 썩히거나 낭비는 않나? 주님이 기뻐하시는 물질 나누는 법을 배워야 한다. 고민해야 한다.

공평하게 골고루 나누는 것도 좋지만 우선순위가 있어야 한다. 가난하고 연약한 사람 먼저. 꼭 필요하고 가치 있게 쓰는 사람은 다음. 많이 가진 자는 무조건 나중.

착한 사람은 안 쏘아

이태원에 있는 동생 집에 갔다. 외손자 티안(5세)이 와서 놀고 있다.

거실 한쪽에 타월로 덮어놓은 봉긋한 무더기가 보인다. 궁금해서 열어 보니, 발 마사지하는 울퉁불퉁한 흰 알루미늄 받침대. 그 위에다 목수건 여러 장을 쌓아서 봉긋하게 만들어놓고, 티안은 구둣주걱 같은 긴 막대기를 쳐들고 윙윙윙, 벌들이 나는 시늉을 한다. 울퉁불퉁한 흰 알루미늄판이 얼른 보면 벌집 같기도 해서, 티안은 그걸 벌집으로 만들어 놓고 벌들이 날아다니는 놀이를 하고 있다.

할머니에게서 얻은 김 조각을 손잡이 달린 헌 냄비에 넣고 끓이는 시늉 해서 벌에게 먹이고. 티안은 지칠 줄 모르고 계속 윙윙윙 소리를 내면서 벌이 날아다니는 흉내를 낸다. 티안이 윙윙할 때마다 내가 재미있으라고 "아이 무서워, 아이 무서워" 한다.

티안은 무서워하는 나를 보고 깔깔대고 웃다가 갑자기 무서워하는 내가 가엾어졌는지 "벌은 나쁜 사람만 쏘아. 착한 사람은 안 쏘아. 그리고 착한 사람은 나쁜 짓 해도 안 쏘아" 하고 씨익 웃는다. 5세 어린이가 장난 섞어 한 말이다.

어린 티안은 지금 단순한 흑백논리로 말하고 있다. 착한 사람은 안 쏘고 악한 사람만 쏜다-벌은 사람의 선악을 인지할 능력이 없어서 착한 사람도 쏜다고 가르쳐주어야 하지 않을까?

어린아이라고 선악을 바라보는 가치관을 흑백논리로 단순하게 고정시키지 말고 넓게 열어 주어야-착한 사람은 나쁜 짓을 해도 벌이 안 쏘고, 고생도 안 하고 복 받아 잘 산다는 인과응보의 사상으로 이어져서도 안 된다는 게 내 생각이다. (2016년)

시시한 얘기 같지만

"사모님(하상겸 여사)이 주신 김장김치 두 쪽. 오늘 아침 남편이 먹어 보더니 '이건 오래 곰삭은 젓갈로 담은 것이네' 하대요… 귀한 김치라 동생네 집에도 한 쪽 가지고 갔어요. 동행한 오빠가 맛있다고 하니까, 동생이 남은 김치를 작은 통에 담아서 오빠 드립디다."

"내 김치 먹고 맛있다는 사람 기 선생님밖에 없네."

이상하다. 몇십 명이 그 김치를 받았을 건데, 왜 김치가 맛있다고 한 사람도 안 했을까? 어떻게 사모님이 담근 김치가 내게 왔을까?

남양주시 갈매에서 조 선생님 아드님이 건축한 호텔 준공식 때. 사모님(87세)이 담가서 차에 싣고 와서, 거기 참석한 분들에게 한 봉지씩 드렸다. 수십 명(거의 다 친척. 나와 서부현 교장 선생님 부부만 빼고)이 왔는데, 그 사람들에게 다 주셨는지는 모른다. 내가 그때 김치 받으면서 깜짝 놀라서 묻는다.

"사모님이 이 많은 김치 다 담그셨어요?"

"그럼 누가 담근다요? 김치라고 짜잔해서, 맛없으면 찌개나 해 잡수시오."

이 말씀만 들어봐도 김치를 많이 담가 오신 것 아닌가.

떡도 시골에서 많이 해 가지고 오셔서 하객들에게 한 봉지씩 나누시고. 하객들에게 저녁은 근사한 뷔페로 대접했지만 잔치에 떡이 있어야 한다는 생각이신가.

"…주신 떡은 시골 떡이라, 떡 좋아하는 동생 갖다 줬더니, 김장할 때 언니들하고 먹는다고 합디다."

"어매 그것 쪼끔을…."

아낙들의 시시한 김치 얘기, 떡 얘기라고 할지 모른다. 사람 관계에 시시한 것이란 없다. 작고 시시하고 하찮은 것에서부터 인간관계는 시작이 된다.

며느리의 친할머니

강원도 정선은 며느리의 친할머니(94세)가 사시는 곳이다.

이번(2017년)에 정선 가서, 며느리 친할머니(정선읍 감리교회 강혜정 장로님)를 찾아뵈었다. 읍내 우체국 옆, 조촐한 양옥 앞에서 벨을 누른다. 후리후리하게 큰 키에 허리가 반듯하고 정정하신 할머니가 나오신다.

"아이고 큰손님인데, …정선에 계시는 동안, 여기서 잡수시고 주무시고 가셔야지요. 어디를 가셔요."

상주하는 가사도우미는 그날 마침 자기 집으로 김장하러 가셨다고, 손수 과일을 깎아서 대접하신다. 기도를 부탁드리니 "하나님 아버지…" 하고 기도하시는데, 주님과 거리감이 조금도 없는, 딸이 아버지 부르는 목소리다. 증손까지 수십 명인데, 예수님 안 믿는 자손 하나도 없다고 하신다. 자랑하실 만하다.

며느리한테 들은 얘기다. 나는 이 얘기를 듣고부터 그분을 달리 보았다.

그 할머니 80대 초반에 집안 모임이 있었는데, 어느 외손녀가 물리학 석사 논문을 가지고 와서, 필요하면 가져가라고 한 자리에 놓았다. 친척들은 무심히 지나치는데, 할머니는 그 논문을 갖다가 열심히 읽고 계시더라고. 배움에 대한 열정이 젊은이 못지않으시다.

그날, 나와 동행한 야생화 사모가, 어찌 그리 건강하시느냐고 여쭈니 웃으면서 대답하신다. "젊었을 때, 요 뒤에 산에 가서 도토리 주워다 묵 많이 쑤어 먹었어요."

94세까지 정정하심은 도토리 주워다 묵 많이 쑤어 잡수신 덕도 있겠지만 외손녀 물리학 석사 논문까지 읽어내시는 끊임없는 추구력, 하나님을 친아버지 부르듯이 부르는 딸 같은 천진한 믿음이 건강의 밑거름이 되지 않았을까. 며느리 친할머니를 뵈면서 내가 한 생각이다. (2017년)

왜 그렇게 하십니까?

〈당신은 내 부모님의 영혼 구원을 전적으로 도우셨습니다. 서울에서 먼 전남 장성 내 고향 집까지 몇 번이나 오가시고, 부모님의 영적 양육을 위해 교회가 된 고향 집에 여전도사님도 소개하시고. 왜 그렇게 하십니까? 당신에게 묻고 싶습니다.

전에는 이렇게까지 절실하지 않았는데, 이번에 남편이 응급실에 갔다 온 뒤, 더 절실해집니다. 나는 당신에게 깊이 묻습니다. 도대체 무슨 일로, 내 부모와 우리 부부의 영혼을 그렇게나 위하고 사랑하십니까?… 남편이 병실에서 예수님 영접했다는 소식 듣고 당신은 말씀하셨지요.

'이젠 더 바랄 것이 없네요. 집사님 사랑합니다. 선생님(내 남편)도 사랑합니다. 이제 선생님도 우리와 같은 천국 시민이 되었으니까요.'

정말 왜 당신은 남의 영혼 구원에 그렇게도 절대적이십니까? 인간의 사랑이 아닌 하나님의 사랑으로 그러시지요. 사람의 사랑으로야 어찌 그리할 수 있겠습니까.〉

부부는 심판대에 같이 선다

어젯밤. 기도 많이 하는 친구가 전화해서 내게 신신당부한다. "…주님 심판대에 부부는 같이 선답니다. 남편에게 소홀하고 무시했다는 죄를 묻는답니다. 내가 항상 당신에게 물었지요. 누구에게 뭘 줄 때, 남편 것 남겼느냐고?"

"한번도 남편 것 남긴 적 없어요."

"이젠 남편 것도 꼭 남기세요. 이제 남편을 잘 섬기셔야 해요. 당신 남편도 나이가 있는데 부탁이에요. 저는 1년간 근신할 겁니다."

'부부는 한 몸이니까 심판대에 같이 선다. 남편 잘못 섬긴 죄를 주님이 물으신다.'

내게 가장 어려운 일은 남편에게 잘하는 일이다. 남편은 곧 나 자신이라고 생각하는 무의식부터 고쳐야 한다. 무의식은 내가 손댈 수 없다. 나를 만드신 이가 도와주셔야 한다.

내가 손댈 수 없는 게 내겐 너무나도 많다.

그러나 내겐 주님이 주신 빛나는 '자유 의지自由意志'가 있지 않은가.

응급실에서

금년 3월 16일 밤 11시. 남편이 응급실로 갔다. 밤을 새우며 검사받고 다음 날 오후에 병실로 들어갔다. 그다음 날 새벽 2인용 병실 안. 옆 침대에는 사람이 없다. 아직 남편의 병명도 안 나온 상태. 나는 남편의 구원을 점검하지 않을 수 없다. 교회 다닌다고 예수님 믿는 것은 아니다. 죄罪 문제를 해결해야–예수님을 만나야 한다. 절체절명의 위기에서 남편에게 아내가 목숨을 다해 복음福音을 전한다.

〈하나님이 창조한 사람. 아담과 하와가 에덴동산에서 살 때. 하나님 말씀을 거역하고 선악과를 따먹은 뒤부터, 인간은 다 죄인이다. 옛날에 아버지가 왕이면 아들도 왕이 되듯이 아버지(아담)가 죄인이면 후손인 아들의 피에도 죄의 피가 흐른다. 그러므로 인간은 다 죄인이다… 죗값은 사망이기에, 아담의 후손인 인간은 다 죽는다. 그 사망에서 구하려면 죗값을 치러야 한다.

누가 내 죗값을 대신 치러줄 수 있나? 사람은 다 죄인이라 치러 줄 수가 없다. 사람의 돈 빚도 빚 없는 자가 갚아 주듯이, 죄의 빚(값)도 죄 없는 자가 갚아 주어야-대신 죽어 주어야, 그 죗값이 치러진다.

하나님은 이런 인간을 불쌍히 여겨서 죄 없는 아들 예수님을 인간의 모습으로 보내서 대신 죽게 하셨다. 예수님은 죄가 없는 의인이라, 그분이 나 대신 죽으면, 내 죗값이 치러진다.

예수님은 나뿐 아니라 모든 인간의 죄를 다 짊어지시고 십자가에서 죽으셨다. 이 사실을 믿기만 하면 구원받는다. 이 대목에서 남편은 큰 소리로 아멘! 한다.〉

"주님. 이 아멘 소리는 남편이 예수님을 믿는-입으로 시인하고 영접迎接하는 소리입니다. 남편 영혼 구원하시려고 병 주신 것 감사합니다. 지금 간에 염증 일으키는 바이러스를 못 찾고 있습니다. 죽음 앞에 선 인간은 죽음을 이기시고 부활하신 예수님을 찾을 수밖에 없습니다.

남편은 백척간두에서 주님을 찾고, 만났습니다. 백척간두에서도 주님 안 찾는 사람도 있는데, 찾는 것이-하나님의 은혜恩惠입니다."

남편은 간에서 염증 일으키는 바이러스를 찾아서 치료 잘 받고 퇴원했다.

책 제목이 주는 은혜

경기도 의왕시 포일동에 사시는 분이 내 수필집(36집)을 선물로 받아서 어느 분께 드렸다. 그분은 책을 받자마자 제목 "당신은 지금 아프니까요"를 읽고 이렇게 말하더란다.

"어머나 어떻게 알고. 내가 아픈 것을."

오늘. 서울 근교에서 만난 지인은 책 제목을 보시고 이렇게 말씀하신다.

"나도 아픈데… 산천초목도 아프고 하나님도 아프시고…."

그렇다면, 인류가 우주 만물이 다 신음하는 시대에서 사는 길은 무엇일까? 예수님을 만나면 된다.

어느 날. 서울 근교 어느 교회에 갔다 오는 길이다. 전철역으로 가는 시내버스에 10여 명의 여고생들과 같이 올랐다. 그들은 하나같이 빨간 루즈 바른 입술에 분 바르고 눈썹 화장까지. 스커트는 아슬아슬하게 짧고 상의는 꽉 조여서 터질 듯하고. 어찌나 떠드는지 소음이 굉장하다.

스마트폰 보거나 히히거리고 재잘대는 그들을 못마땅하게 보다가 측은한 생각이 든다. 저들도 지금 아프고 있다. 아프면서도 어디가 아픈지도 모른 채 떠들어대는 것 아닌가.

세상의 온갖 것이 다 뒤집혀서 신비 한 가닥 남아 있지 않은 이 척박한 세상에서 저들은 어떻게 살아갈까? 생에 대한 소망이나 꿈 신비함 대신 무감각 권태 불안함 온갖 소음으로 그들은 지금 중병을 앓고 있는지도 모른다.

아인 엄마의 조퇴

작년 4월. 며느리 비올라 독주회 날. 독주회를 앞두고 나는 기도하는 마음이 된다. '주님. 좋은 날씨면 더 좋아요. 오시는 손님들, 편안하게 오셨다 가셨으면…' 손님 청해 놓고 조심스런 마음이다.

'언니는 일 년에 한 번씩 결혼식 치르네.'

언젠가 해 주던 동생의 말도 생각이 나고. 자녀들이란 늘 가슴 조이는 존재들이다. 주님도 이 땅에 사는 당신의 자녀들 보시면서 늘 가슴 조이실 것이다.

독주회 날. 음악당 로비에서 내가 초청한 손님을 맞고 있는데, 서너 살 된 여아가 로비 홀을 가로질러서 막 뛰어간다. 누군가가 잡으러 뒤따라서 가고. 동생이 손녀(3세) 아인을 붙잡으러 가고 있다. 그 뒤를 따라가는 젊은 여인. 누구일까? 헵번처럼 쇼트 커트해서 처음엔 몰라본 아인 엄마, 동생이 늘 자랑하는 며느리다. 나도 좋아하고.

오늘 직장 일은 어떡하고 왔을까? 동생에게도 나는 독주회에 오라는 말 안 했는데… 동생 통해서 어떻게 독주회 소식을 안 아인 엄마가 그날, 직장에서 조퇴하고 왔다.

'집안일에는 가 봐야지요' 하고 왔다는데, 그 말이 얼마나 어여쁜가. 요새 젊은 여자들은 시댁 시 자도 듣기 싫어서 시금치도 안 먹는다는데, 시이모 댁 일도 집안일로 알고 챙기는 마음이 그지없이 어여쁘다.

그날, 조퇴까지 하고 온 아인 엄마를 지금도 고마워하고 있다. '아인 엄마 와 줘서 고마워… 내 책을 다 읽고, 남편(내 조카)에게 꼭 한번 읽어 보라고 권한 일도 고마워하고 있어.'

깊은 밤에 온 메시지

어젯밤. 자정이 넘은 시간. 자리에 누워 있는데 문자 메시지가 온다.

"…그간 평안하셨는지요? 저 서○○입니다. 오랜만에 소식을 드리게 되었습니다. 그간 제게 큰 슬픔이 있었습니다. 제가 쌍둥이인데 쌍둥이 여동생이 말기 암으로 세상을 떠났습니다. 같이 태어나 남다른 정도 있지만 시집을 가지 않고 혼자 살아온 터라 많이 놀라고 가슴 아팠습니다. 참 인생이 허망하게 느껴지기도 했고요. 하지만 믿음이 있는 저희들이기에 곧 주님 안에 만날 것을 기다리며 감사하게 지내고 있습니다.

많은 인생들이 고생과 수고 속에 살고 있지만 주님을 모르고 산다면, 저 지옥이 기다릴 텐데 가슴이 아플 뿐입니다….
2018/02/05 00:44"

그 큰 슬픔이 내게도 전해져서 새벽 2시 지나서까지 잠 못 들었다. 깊은 밤에 듣는, 누군가의 죽음 소식은 내 영혼을 깨어나게 한다. 잠 못 들게 한다.

'주님을 모르고 산다면 저 지옥이 기다리고 있을 텐데.'

무서운 말씀이다. 전도서에도 주님은 말씀하셨다.

"초상집에 가는 것이 잔칫집에 가는 것보다 나으니 모든 사람의 끝이 이와 같이 됨이라 산 자는 이것을 그의 마음에 둘지어다"(전도서 7:2).

'산 자는 이것을 마음에 둘지어다'

죽음은 끝이라고, 삶과 죽음을 가볍게 여기는, 이 땅에 산 자들에게, 몇 번이나 강조해도 될 말씀이다.

'죽음은 끝이 아니다. 죽음 뒤에는 심판이 있다.'

가을 질경이 뽑기

늦가을 어느 날. 나이 많으신 친지 댁에 들렀다. 단독주택 대문 앞에서 현관으로 들어가는 자갈길에 질경이가 수북하다. 옆에 있는 작은 정원에도 지천이고. 이걸 그냥 지나칠 수가 없다. 친지의 허락을 받고 나는 질경이 뽑기 작업에 나선다.

차도 한 잔 안 마시고, 주시는 목장갑도 거절하고 정원 구석에 있는 작은 호미를 들고 맨손으로 질경이를 매기 시작. 장갑을 끼면 답답하고 손놀림이 둔해서 일이 더디다.

맨손으로 질경이를 매는 게 좀 걱정이 되기도 한다. 내가 아는 분당 어느 분은 해남 친정어머니 집에 가서 맨손으로 텃밭을 맸더니 '쯔쯔가무시'라는 병에 걸렸다. 이 균은 쥐가 다니는 땅속에 잠복해 있다가 사람에게 옮겨진다. 맨손으로 흙을 만지는 맘이 좀 불편했으나, 서울 집에는 쥐가 없으니까 괜찮을 거야 하면서…. 나중에는 쯔쯔가무시고 뭐고 다 잊어버리고 질경이와 싸웠다.

가을 질경이는 여름내 그 뿌리가 억세게 자라서 여간해서 뽑히지 않는다. 오죽이나 질겼으면 질경이로 신을 삼아 준다는 옛말도 있을까. 질경이와의 싸움은 오전 10시쯤 시작했는데 낮 12시가 넘어서야 겨우 끝이 났다.

얼마 전, 어느 교수님의 글을 보니까 '인간은 꼭 일을 해야 하는가?' 라는 제목이다.

"노동은 인간의 권리가 아니다. 인간의 진정한 권리인 행복을 위해 잠시 필요했던 도구일 뿐이다. 더는 필요 없는 일자리를 유지하고 만들어내는 것보다, 더 빠른 기술 발전을 통해 드디어 일 없이도 행복한 세상을 만드는 것이 우리의 꿈이어야 한다."

과연 인간은 일 없이도 행복할 수 있을까?

차 한 잔이나 정다운 대화보다 때로는 고된 노동이 유익할 때가 있다. 일하면서 힘을 빼버린 가벼운 심신, 일에 몰두하다 보니 단순해지는 맑은 생각. 일을 기도하는 것처럼 전심전력해서 하라, 노동은 신성하다는 말도 있다.

그러나 미래는 예측 불가능한 시대. 지켜볼 일이다. 일도 없는 시대가 인간에게 행복할지 불행할지—하나님만 아실 일이다.

여자를 조심스레 다루어라

'인간에 대해 거의 다 말했다'는 천재 괴테의 시에 주목한다.

제목은 〈여자를 조심스레 다루어라〉 이 시에서도 그는 여자를 만든 창조주의 심경을 들여다보고 있는 듯하다. 남자들이 보아야 할 시인데, 다분히 성경적이다. 이 시는 여자들에게도 필요하다. 여자도 자신의 본성을 알고 주님 말씀으로 잘 다스려야 한다.

"여자를 조심스레 다루어라. / 여자는 휜(휘어진) 갈빗대로 만들어졌다.

하나님은 똑바로 만들 수 없었다. / 네(아담)가 펴려고 하면 부러져버리고,

가만히 두면 더욱더 굽는다. / 착한 아담이여, 이런 난처한 일이 또 있을까.

여자를 조심스레 다루어라. / 갈빗대가 부러지는 것은 / 좋은 일이 아니다."

오늘날. 남자들은 여자를 극도로 조심하면서 산다. 남자들의 이런 조심은 여자를 오만방자하게도 만든다. 여자의 이런 방심放心은 남자들을 외롭고 괴롭고 절망하게도 하고.

이 방심은 남자는 물론 여자 자신까지 망치기도 한다.

괴테 시에 이런 글귀 하나 더 넣어야 하지 않을까.

"여자들이여 너 자신을 조심스레 다루어라. / 네 방심放心은 네 갈비뼈를 부러지게 한다. / 남자와 여자 둘 다 망치는 일이다."

서울 독산동 성천교회 11구역

'우리 구역 식구야' 애정이 담뿍 담긴 말이다.

내가 결핵을 앓은 뒤. 우리 구역 예배에 가서 얘기를 하면, 구역 식구들이 '우리만 듣기 아까워요' 해서, 그러면 많은 사람들이 읽게 글로 한번 써 볼까? 하다가 나온 첫 수필집이 《내가 졸고 있을 때》다. 그 뒤 계속해서 지금(37집)까지 내고 있다. 그러나 책을 내는 데, 결정적인 힘은 어느 분의 말씀이었다. '당신은 당신 삶을 그대로 쓰면 글인데, 무슨 다른 글을 쓰려고 하세요?'

한 3, 40년 전. 이 집 저 집에 모여서 구역 예배드리고, 찐 고구마 부추 호박전 먹던 때가 그리워진다. 지금도 구역 식구들의 안 좋은 소식이 들리면, 내가 잘못 섬긴 것만 같아 아프다. 오랫동안, 10년 이상을 한 구역 식구로 지냈으니, 잊을 수 없는 일이 어디 하나둘이겠는가.

아들이 결혼하고 며느리가 신행 오는 날. 며느리 신행 길에 사돈 내외분(서울)도 오시라고 한 날. 신부, 사돈 내외분 맞이하는 큰 잔칫상을 내가 어떻게 준비하겠는가. 요리의 달

인인 우리 구역 식구 허 집사님이 도맡으셨다. 7층 자기 집에서 음식 일체 전부를 만들어, 그릇에 담아 2층 우리 집 식탁에 그대로 놓기만 하면 되었다. 나는 상만 펴놓고 기다리면 되고… 식사 후, 모든 그릇은 허 집사님 집으로 다시 옮겨진다. 그가 설거지까지 맡아 주셨기에.

이번에 서울 독산동에 있는 성천교회 연합 구역 예배에 가서 말씀을 나누었다. 예배 후, 밖에서 점심을 드는데, 교역자와 11구역 식구 아홉 분이 다 오셨다.

점심 후, 나를 성천교회에 소개한 황정자 권사님이, 자기 집으로 나, 자기 구역 식구 여덟 분(한 분은 몸이 불편해서 빠지고)을 모시고 간다. 그중에는 오늘 여행 가려고 예정했는데, 황 권사님 만류로 안 가고 연합 구역 예배에 오신 분도 있다. 그분은 '오늘 여행 안 가길 참 잘했어' 한다.

50대부터 80대까지 함께 모여 앉아서, 가족처럼 오순도순 얘기하고 먹고 웃고 즐거워하는 그들은－서울 독산동 성천교회 11구역 식구들이다.

2부

윗 물꼬가 넉넉해야

도스토옙스키의 죽음 소식을 듣고

다음은 도스토옙스키의 죽음 소식을 듣고 톨스토이가 한 말이다.

〈나는 그 사람을 한 번도 본 적이 없고 그와 직접적인 관련을 맺어본 적도 없지만, 그가 갑자기 세상을 떠났을 때, 그 사람이야말로 나와 가장 밀접하고 존경받을 만하며 내게 소중한 사람이었음을 깨달았습니다.

나 자신이 작가이기 때문에 아는 사실이지만 모든 작가들은 허영심과 시기심에 사로잡혀 지냅니다. 일반화하기 어렵다면 나는 그런 종류의 작가였습니다.

그러나 마음속에서 나는 한 번도 나 자신이 그에 필적할 만한 작가라는 생각은 한 적이 없습니다. 단 한 번도….〉

도스토옙스키가 살아 있을 때, 그를 만나고 이런 말을 했더라면 톨스토이는 더 위대하게 보였을 것인데.

"도스토옙스키의 천재성이 드러나기 시작하자 톨스토이는

그를 만나기를 거절했다.”

그런 그가 도스토옙스키의 사후에라도

‘그러나 마음속에서 나는 한 번도 나 자신이 그에 필적할 만한 작가라는 생각은 한 적이 없습니다. 단 한 번도…’

이렇게 정직하게 고백한 것만큼 톨스토이는 위대하다.

살아서 라이벌일 때는 거절하고 죽은 뒤에야 그를 인정한다. 살아 있을 때 안 만나고 시기하는 것은 죽음 너머에도 삶이 있다는 걸 모르기 때문이 아닐까.

따뜻한 둘

문삼석 시인의 《따뜻한 둘》이라는 시집을 받았습니다.

그중에 〈둘〉이라는 동시가 있습니다.

〈나 하나는 외롭고/ 너 하나도 외롭지만 //
손 잡으면 우린 / 따뜻한 둘〉

동행의 힘을 이렇게 간명하게 표현했습니다.

어둔 숲 속의 밤길을 아기만 업고 가도, 숲 속 어둠을 이길 수 있다고 합니다. 아기가 무력하지만, 함께 간다는 '동행의 힘'을 말하겠지요.

"빛도 짓고 어둠도 창조하며…"(이사야 45:7).

이런 하나님과 동행한다면 – 이 세상 무엇이 무섭고 두렵겠습니까?

위대한 결정

일상에서의 작은 결단도 위대하게 보이는 경우가 있다.

어느 어머니가 나한테 해 준 아들 얘기다.

'요즘 형제간에도 이런 일이 있구나.'

동생은 형보다 생활이 나아서 외제 차, 벤츠를 타고 다닌다. 형은 형편이 어려워 국산 제일 작은 차를 타고 다니고.

어느 날. 동생은 결심하고 자기가 타고 다니는 벤츠를 형에게 드렸다. 형은 그 차를 받고, 고마워하면서도 그 말을 동생에게 못하고 있다.

어머니가 대신 전하니 동생은 "형제간에 뭘…" 한마디 하고 말더란다. 형제간에는, 좋은 것 있으면 없는 형제에게 주는 것－당연하다는 말이다. 이 당연한 일을 우리는 언제부터 까마득히 잊고 산다.

내가 물었다. "그런 고급 차 가지고 있으면 유지비가 많이 들 텐데요."

"동생이 그것까지, 한 달에 얼마씩 유지비도 준다니까요."

"그래요. 당신은 참 아들들 교육 잘 시켰네요. 어머니로서 아들들이 우애하는 것보다 더 큰 기쁨이 어디 있겠어요."

"그렇지요. 내가 지금까지 평생 살아오면서 가슴 부풀게 받은 감동, 아니지 감동보다 더 가슴 터질 것 같은, 그게 제일 큰 사건이지요."

궁금한 게 있어서 내가 또 물어보았다.

"동생은 형에게 벤츠를 주고 또 차를 샀어요?"

"아니요. 당분간 차 없이 지내보겠대요."

누군가에게 주는 기쁨

계속되는 영하 12, 13도의 혹한. 이 혹한 속에 남편은 연거푸 사나흘을 소요산에 간다.

친구도 없이 혼자 먼 곳으로. 무료해서? 굴 사러? 고민거리가 있어서? 알 수 없는 일이다.

소요산에서 돌아올 때. 가끔 굴 봉지를 들고 온다. 그가 들르는 소요산 식당에서는 굴도 판다. 싱싱하다. 마산에서 굴 양식하는 동생 어장에서 금방 온 굴이다. 일주일에 두 번 차로 오는데, 굴이 오는 날 가서 사면 더 싱싱하다. 굴 차가 늦게 와서 어느 땐 못 사고, 기다리다가 그냥 돌아오는 날도 있다.

그 무렵. 가장 추운 날. 소요산에 굴 사러 간다 하고 나간 남편이 돌아오지 않는다. 많이 걱정하고 있는데, 저녁 늦게야 들어온다. 다른 때 같으면 '아니 영하 13돈데, 당신 요새 왜 그러고 다녀요?' 했을 텐데 나는 아무런 말도 못하고 만다.

남편은 지금 대치동 아들네 집에 들러서 생굴 사다가 주고, 또 누구누구 준다고 무거운 굴 봉지를 여러 개 들고 서 있다. 그때 쳐다본 남편의 얼굴. 요 근래에는 못 본, 예전에도 못 본 얼굴이다. 소년의 정기 같은 게 서려 있다. 남편 얼굴은 지금 누구누구에게 굴을 주고-주려는 기쁨으로 싱싱하게 살아 있다… 사람 마음 따라 외모가 저렇게도 달라지는구나.

그래서 주님은 사람 외모를 보시지 않는다. 중심을 보신다. 그러나 너도나도 외모 지상주의-시대의 흐름이라고 하나, 참으로 걱정이다.

손님방을 만들 거예요

정죽 님의 손녀. 몇 해 전 결혼해서 분당 시댁에서 2년 살았다. 거기서 직장이 있는 인천 송도까지 출퇴근했다. 이번에 2년 시댁살이 마치고, 직장 있는 송도에 30평 아파트 전세 얻어서 이사 갔다.

이번 어버이날. 손녀는 가족 모임에 와서, 할머니에게 말한다.

"할머니. 이번에 우리 집에 손님방 하나 만들려고 해요."

할머니는 시집간 손녀가 손님방 만든다는 말을 듣고 깜짝 놀란다. 어디서 '듣도 보도' 못한 말이다. 집에 오신 손님 점심 저녁 한 끼 대접도 외식으로 하는데, 이부사리 마련해 주무시고 가도록 방을 따로 만들겠다는 정죽 님의 손녀는, 신혼 3년 차의 새댁이다. 놀란 할머니에게 손녀가 다시 말한다.

"할머니가 오시면 주무시고 가시라고, 손님방을 만드는 거예요."

상추 여사님의 고추장아찌

작년, 고양시 상추 여사님 댁에 갔을 때, 그는 밑반찬 몇 가지를 동행한 우리 세 사람에게 나누어 준다. 주방에서 강 선생이 나누어, 거실에 앉아 있는 나에게도 한 봉지 준다.

나는 안 주면 어쩌나 했는데, '보리죽에도 샘을 낸다'고 장아찌 하나라도 받아 가려고, 내 욕심은 이런 데까지도 뻗쳐 있다.

지난여름에 입맛 없고 소화가 잘 안 될 때, 그때 얻어온 고추장아찌가 밥을 먹게 했다. 나이 들면 어릴 때 먹은 음식을 찾게 된다. 고향 음식이 좋고 고향 친구가 좋다고 하나, 주님은 아브라함에게 말씀하셨다.

"너는 너의 고향과 친척과 아버지의 집을 떠나 내가 네게 보여 줄 땅으로 가라"(창세기 12:1).

고향이나 친척 부모에게 의지하면 주님을 의존하지 않기 때문이다.

세상 사람들이 그리워하는, 육신이 잠시 머물던 이 땅의 고향 말고, 영원히 살 내 본향本鄕은 어디인가.

'돌아갈 내 고향 하늘나라.'

조갑숙 님의 가족 파티

지환 사모가 약간 흥분된 목소리로 전화한다.

"선생님. 조갑숙 권사님은 책에 나왔다고 가족들이 파티해 주었대요… 조 권사님 남편이 글을 읽고 이러시더래요. '당신을 정확하게 보았다'고."

"어머나 그랬어요. 책에 나왔다고 파티를 다 해 주시고. 멋져라, 멋져라. 자기 아내를 내가 정확하게 보고 썼다니, 좋고…. 조 권사님은 남편이 인정해 주는 행복한 아내네요."

이런 소식 전해 주는 지환 사모가 참 고맙다. 누군가가 전해 주어야 기쁨을 같이 나누지 않겠는가. 삶에는 기쁜 소식 전해 주는 따뜻한 심부름꾼이 꼭 필요하다.

아내가, 엄마가 세상 책에 나와도 가족들이 파티를 해 주는데, 우리는 다 하나님 책에 이미 나온 사람들이다. 우리는 이름이 생명책에 기록된 성도들이니까.

영원한 생명책에 내 이름이 적혀 있다. 날마다 기뻐하며 살아갈 이유가 여기에 있다.

오늘도 승리했습니다

마가복음 9장에는 귀신 들린 아들을 고쳐달라는 아이 아버지의 이야기가 나온다.

"그 아이의 아버지가 소리를 질러 이르되 내가 믿나이다 나의 믿음 없는 것을 도와 주소서 하더라"(마가복음 9:24).

다음은 이 성경을 본문으로 한 어느 목사님의 설교 말씀 중 한 부분이다.

〈믿음 없음을 도와달라고 소리치는 아이 아버지의 부르짖음을 듣고, 예수님은 그 믿음 없음을 나무라지 않고 아이를 고쳐 주십니다. 아이 아버지의 믿음 없음만 도와주실까요?

저는 오늘도 실패했습니다. 하고 내가 부르짖을 때도 '그러냐, 괜찮다. 어제 실패했다고 자책하지도 민망해하지도 말고 오늘 또 해 보자' 하십니다.〉

나는 오늘 실패하고도 '오늘도 승리했습니다' 해야겠구나. 왜냐하면, 실패한 오늘도 주님이 내 옆에서 '괜찮다 괜찮다' 하시니까. 주 안에 있는 내게 궁극적 실패란 절대로 없는 일이니까.

치과에 가는 날

치과에 가는 날은 우울하고 심란하다.

1년에 한 번 검진받는데 작년에는 게으름 피우다가 못 갔다. 2년 만에 가는 맘이 무겁다. 언젠가 동생이 '딸이 치과 의사라도 치과 가는 건 무서워' 하던 말도 생각이 나고. 외국 이름이 '가이'라는 아이가 하나님께 보낸 편지도 생각난다.

'눈이 너무 많이 와서 학교에 못 갔던 날 있잖아요. 기억하세요? 한 번만 더 그랬으면 좋겠어요.'

이 여름날. 폭우라도 쏟아져서 치과에 못 간다면, 갑자기 어지럼이 심해서 넘어져서 못 간다면… 하다가 결국 신당역(지하철 2호선)에 내려서 치과로 들어간다.

먼저 엑스레이를 찍고, 그 사진을 보면서 27번 17, 18번인가 하는, 치아 사진을 다시 찍는다. 작은 카메라를 손으로 들고 입안으로 푹 집어넣어서 찍는다. 원장님이 오셔서 아직은 괜찮다 해서 그 이 치료는 안 받고.

환자용 치료 의자에 누워 있다.

간호사님이 스케일링을 한다.

나는 이틀 밤이나 잠을 설치고 글을 썼더니 심장이 벌렁거리는 게 터질 듯—숨이 멎지 않을까 해서, 두 손으로 가슴을 꽉 누르고 있다. 불안하게 서글프게 누워 있다. 끝났다.

치과를 나오니, 아까 올 때보다 길가 물건들도 새롭게 보인다. 길가 가게 앞에 쌓아 놓은 마늘 무더기를 보고 들어가서 값도 알아보고. 이제는 폭우도 내리지 말고 어지럼으로 넘어지지도 말고. 간사하고 유치하고 부끄러운 내 마음이다.

윗 물꼬가 넉넉해야

지하철 노인석에 앉아 있다. 내 앞에서 청년이 영자 신문을 넓게 펴서 보고 있다. 다음 역에선가, 늙수그레하나 체격이 좋고 신수가 훤한 아주머니가 당당하게 들어오다가 청년과 부딪힌다. 그가 주위 사람들 들으라고 큰소리로 말한다.

"아니, 신문을 그렇게 넓게 펴서 들고… 내 팔을 이렇게 밀쳐서 내가 저쪽 벽을 잡으려니까 또 밀쳐 내버리네! 이 청년이 왜 이래! 아니 이럴 수가 있어…."

그가 성질을 내면서 노인석에 앉아 있는 나를 보면서 동의를 구한다.

나는 웃으면서 "어머니 너그럽게, 너그러움으로…."

웃으면서 화답하자, 불쾌한 지 고개를 홱 돌려서 나를 안 보고 반대쪽을 보고 있다.

영자신문을 정신없이 보고 있는 청년은 무슨 일인지 영문을 모르겠다는 의아한 표정이고. 자기가 신문을 넓게 펴들어서 옆 사람에게 실례가 되는 줄도 모르고. 그래도 열심히 신문이라도 보는 모습이 열심히 스마트폰 보는 모습보다는 보기 좋다.

나는 그 늙수그레한 아주머니보다 먼저 내리면서 인사를 할까 말까 하다가, 못하고 만다. 그리고 영자 신문 보고 있는 청년에게만 한마디 한다.

"청년, 영어 공부 열심히 해요."

청년은 힘이 난 듯한 목소리로 대답한다. "예, 감사합니다."

나이가 든 노인들은 젊은이보다 마음이 크고 넉넉해야지.

윗 물꼬가 넉넉해야 아래 물꼬도 넉넉하지 않겠는가.

소요산 식당에서 온 풋고추 4개

어제저녁. 남편이 소요산에 갔다 오면서 뭘 잔뜩 들고 온다. 흑미 누룽지 2봉지, 상추 2봉지, 풋고추 4개. 특이한 점은 풋고추 4개를 흰 비닐봉지에 정성껏 쌌다. 남편이 설명한다.

"소요산 식당 아주머니가 주신 건데, 상추는 이웃집에서 따서 준 것이라, 혹시 모르니까 여러 번 씻어서 드시라고. 풋고추는 자기 밭에서 키운 것이라 깨끗하니까 한 번만 씻으면 된다고 하대." "고추 4개를 무슨 보석 싸듯이 쌌네요."

"고추는 자기 부부가 오늘 점심때 먹으려고 가지고 온 건데 준다고 그러대."

"그럼, 그분들이 자기 점심 덜어준 거나 마찬가지네. 이런 귀한 걸 받아도 되나?"

풋고추 4개. 소요산 식당 여주인의 정성과 정직이 담긴 작품이다. '자기 작품이라 이렇게 싸서 보냈구나.'

고추가 한바구니 왔다면 작품이 못 되고 물건이 되었을 것. 한 바구니는 많이 있는 데서 준 것 같고, 4개는 그것밖에 없는 것을, 다 준 것 같아서 그럴까?

같이 살았다니까요

어느 분이 편지를 보냈다. 이 글 주제와 관련된 부분만 옮기면 이렇다.

"…제가 한 달을 아프면서 김 선생님(내 남편)을 늘 생각했습니다. 선생님께서 건강하셔야 하는 이유 중 중요한 부분이, 두 목숨(한 목숨은 아내)이 달려 있기 때문입니다… 그동안 몇 달을 권사님(기일혜)과 함께 살았습니다. 1권부터 남아 있는 책들을 정독하면서 늘 곁에 계심을 느끼면서 살고 있습니다."

내가 편지 받고 그에게 전화한다.

"그렇게 많이 아프셨어요?"

"이제는 괜찮습니다. 무릎이 많이 아프지만 열심히 먹는 것도 힘을 쓰고 있습니다."

"저와 함께 살았다고요?"

"책을 읽으면 나는 그 저자와 함께 살아요. 권사님 책. 정독하면서 같이 살았다니까요."

"저하고 같이 사셨다니, 우리는 영靈 가족입니다."

"그런데, 예수 믿는 사람들 참 이상해요. 우리 교회 교인이 천 명도 넘는데, 가족 찾아봐도 한 사람도 없어요. 이웃에는 가족 같은 사람이 있는데, 왜 교회에는 한 사람도 없을까요? 지금은 가족도 가족 아니라고요. 우리 올케나 며느리나 말이 하나도 안 통해요. 예수 믿으면 다 통해야 하는 것 아니어요?"

신자들은 '우리는 영 가족'이라는 말을 많이 한다. 그러나 실제의 삶은 말과 다르다. 내가 예수님 안에-너도 예수님 안에-우리 함께 예수님 사랑 안에서 그 사랑으로 사는 사람들이 영 가족이다.

초여름에 겨울 바지 입고

금년 5월 16일. 초여름에 겨울 바지 입고 완주에 갔다.

그날 낮. 지환 사모와 '압화壓畵 만드는 여인'을 만나고 돌아오는 길은 폭염에 가까운 땡볕이 내리쬐는 한낮. 얇은 내복까지 입은 나는 무더위에 지쳐서 숨을 헐떡거린다.

사택으로 함께 돌아온 사모는 잠시 안 보이더니, 통이 넓은 시원한 여름 바지를 갖다 주신다. 검은 바탕색에 5밀리미터 정도의 흰 줄이 2센티미터 간격으로 세로로 쳐진 바지다. 보기에도 시원하고 통이 넓어서 자유롭고. 그 바지 입고 서울로 와서 친구를 만났더니, 아주 멋이 있다고 한다. 그렇게 해서, 그 바지는 내가 애용하는 여름 바지가 되었다. 마땅한 여름 바지가 없어서 초여름에 겨울 바지 입고 갔다가 횡재했다.

겨울에도 여름옷 입고 다닌 카프카 생각이 난다. 그는 몇 년 동안 같은 여름옷을 겨울에도 입고 다녔다. 부유한 상인의 아들인 그에게 옷이 없어서는 아닐 것이다. 다음은 그의 연인 펠리스에게 보낸 편지다.

"몇 년 전부터 같은 양복을 사무실에서 거리에서 집 안의 책상 앞에서 더구나 여름이나 겨울이나 입고 다닙니다. 저는 나무조각보다도 더 추위에 무감각합니다. 그것이 제가 이런 모습으로 돌아다니는 결정적 이유는 아닙니다. 그러니까 예를 들면 11월로 접어든 지금까지도 가벼운 것이든 무거운 것이든 어떤 외투도 입지 않고 있지요. 거리에서 단단히 무장한 사람들 사이에서 여름 모자에 여름 양복을 입은 바보 역할을 하고 있고요. 예외 없이 조끼도 입지 않는데… 사랑하는 펠리스 양. 그렇다고 저를 물리치지는 마십시오. 또한 이런 일들로 저를 고쳐보려고도 하지 마시고 먼 거리를 떨어져 있으니 친절하게 참아 주십시오."

"나는 창작하기 위해 '은둔자' 정도로는 어림도 없습니다. 죽은 사람과 같은 정적이 필요합니다. 이러한 의미에서 창작은 깊은 잠 곧 죽음입니다. 죽은 사람은 무덤에서 끌어낼 수 없듯이 그 누구도 나를 밤에 책상에서 끌어내릴 수 없습니다."

그는 창작하기 위해서 죽음 같은 정적이 필요했기에, 그렇게 집중하느라고 추위도 감각하지 못한 것 아닐까. '저는 나뭇조각보다 더 추위에 무감각합니다.'

어느 분은 살기가 하도 팍팍해서, 몇 해 여름을 더운 줄도 모르고 살았다고 한다. 살아야겠다는 일념은 무더위에도 무감각한 것이다. 나는 창작의 열기가 아니라 환절기에 입을 마땅한 옷도 없고 뭣보다 몸이 부실해서 추위를 타기에 초여름에 겨울 바지를 입고 간 것이다.

하루에도 기회는 수십 번 온다

'하루에도 좋은 일 할 기회는 수십 번 온다.'

어느 목사님의 말씀이다. 여기서 말하는 좋은 일이란 거창한 일이 아니다. 언제 어디서나 마음만 먹으면 할 수 있는 일이다.

하루 중에 만나는 사람에게 '좋은 말 하고 – 좋은 표정 짓고 – 따뜻한 눈빛 보내는 – 일'로 남에게 좋은 일 할 수 있는 기회는 하루에도 수십 번 온다는 말씀이다. 외출 안 한 날은 집 안에서라도 가족을, 남편이나 아내를 수십 번 만나지 않겠는가.

어제 일이다. 7호선 지하철 온수행. 인천 가려면 온수에서 환승해야 한다. 온수역이 가까워지자, 지하철이 멈출 때마다 역 이름을 확인하려고 나는 차창 밖으로 고개를 돌린다. 그때. 내 옆에 앉은 청년이 부드럽게, 아주 부드럽게 묻는다.

"어디를 가시는데요? 제가 가르쳐 드릴까요?"

나는 놀라움으로 약간 움츠리면서 묻는다.

"왜 이렇게 친절하세요?"

“제가 시골에서 처음 올라와서 서울 지리를 몰라서 많이 헤맸어요. 그래서 길 모르는 사람만 보면 도와주고 싶어요.”

“그래요… 학생입니까?”

“대학 4학년입니다.”

“혹시 책 읽는 것 좋아하세요?”

“예… 이름은 차○석입니다.”

내 책을 꺼내서 차○석 님에게 사인해서 주면서 말한다.

“좋은 말 좋은 표정으로 친절하시니까 내 책을 사인까지 해서 드리네요.”

“…지금 인천에 갑니다. 연기를 좋아해서 친구하고 같이 연극 보러 갈 겁니다.”

그는 내려서 부평구청행을 타고 나는 환승해서 인천행을 타야 한다. 환승하면서 생각한다. 청년의 좋은 말 좋은 표정에 내 마음이 움직여, 사인해서 책까지 주게 되는구나.

‘좋은 말, 좋은 얼굴, 좋은 눈빛’으로 사람을 대하면, 하루에도 좋은 일, 유익한 만남이 수없이 일어나겠구나. 그리고 한 사람의 ‘좋은 말－좋은 얼굴－좋은 눈빛’은 나비 효과를 이루어 점점 많은 사람들에게 번져나갈 것이고.

일본에서 오신 손님 1

일본 김 선교사님 부부의 안내로 우리 집에 오신 일본 여인들은 세 사람. 김 선교사님 부부까지 다섯 사람이다.

근처 식당에서 그들에게 점심 대접했는데, 식사할 때. 사모가 그들을 보살핀다. 자기는 제대로 들지도 않고 동행한 세 여인에게 "이것 드셔 보셔요, 어때요? 이것도 한번 드시고…" 라고 한다.

공평하게 배려하면서 좋아하는 반찬을 가까이 놓아 드리고 모자라면 더 달라고도 하시고. 일본 여인들이 낯선 한국 음식에 불편해할까, 이것저것을 살피시면서 도와드린다. 그런 모습이 감동 정도가 아니라 눈물겹다.

나는 일본 손님들 모시고 조심하느라고 속이 타서(?) 시원한 물냉면을 시켰으나, 그것도 두어 젓갈만 덜어내고 내놓으니, 사모가 그 냉면을 일본 여인들에게 한 젓갈씩 다 맛보게 한다. 숟가락을 바꿔가면서 냉면 국물도 한 모금씩 다 마시게 하고. 저 인자하고 자상하고 소박한 모습은 바로 '모든 산 자의 어머니' 모습이다.

일본에서 오신 손님 2

두 번째 오신 일본 손님들은 좀 특별하다. 휠체어 탄 91세 할아버지와 아들 내외, 곤노 목사님 부부, 김 선교사님 부부다. 식사할 때. 할아버지에게 턱받이 해 주는 사람은 며느리다. 반찬 드시는 걸 꼼꼼히 도와드리는 분도 며느리. 옛날에 시아버지 모시고 사는 맏며느리를 보는 것 같다. 예수님 믿으면 홀로 되신 시아버지의 어머니 노릇도 잘하고. 그들은 곤노 목사님 교회의 전前 교인들이라고 한다.

내가 91세 할아버지를 보고 놀란 것은 그의 의젓함이다. 휠체어 탄 노인이라는 생각이 안 들 정도로 눈빛에 힘이 있다. 노약자의 나약함이나 비굴함 같은 표정은 전혀 없고 낭낭하다. 집에서도 맛없는 반찬은 절대로 안 드신다는 며느리의 말이다. 그는 죽음을 앞에 두고 겁날 것도 없고, 젊고 건강한 외국 사람들 앞에서 주눅들 것도 없다. 그에게는 죽음 너머에 아름답고 영원한 삶이 기다리고 있기 때문이다.

번역은 신의 영역인가

오래전, 내 수필이 일본 기독교 월간지 《백만인의 복음》에 4개월간 연재된 적이 있다. 그리고 내 수필 선집으로 일본어 번역도 했으나 여의치 않아 출판을 못하고 있었다. 지난번 곤노 목사님이 우리 집 방문했을 때, 그 원본 복사한 사본을 선물로 드렸다.

곤노 목사님이 그 사본을 보시니, 언어가 고어체古語體로 경직돼 있어서 요새 언어로 부드럽게 고치고, 그 고친 원고를 이번 우리 집 방문 때 가지고 오셨다.

나는 곤노 목사님과 사모님의 '믿음과 인격을 믿고' 그 자리에서 어려운 부탁을 한다. "죄송하지만 이 원고, 다시 가지고 가셔서, 더 꼼꼼히 보완해서 일본 사람들이 쉽게 읽을 수 있도록 해 주시면, 출판은 제가 하겠습니다."

목사님은 흔쾌히 승낙하시면서 무거운 원고 뭉치를 다시 배낭에 넣는다.

"그런데 어쩌지요. 교정 보시는 사례도 못 하고."

"우리 교회 와서 좋은 말씀 해 주시면 됩니다."

이런 대답은 그리스도의 사람이 아니면 하실 수가 없다.

20년 동안 잠자던 내 일본어 수필 선집이 잘 보완되어서 일본 선교에 도움이 되었으면 한다.

그런데 번역은 인간의 영역인가, 하는 의문이 생긴다.

언어와 민족이 다른 작가가 쓴 작품을 내 민족의 언어로 옮기는 번역을 사람이 잘 해낼 수 있을까? 토씨 하나도 그 작가의 영혼에서 흘러나온다는데, 그 외국 작가 영혼의 섬세 미묘 심오한 표현을 어떻게 해석하고 번역할 수 있을까.

외국어 실력과 함께 인간의 내면을 꿰뚫어 보는 신의 안목이 필요하다고 본다. 그러므로 나는 곤노 목사님을 위해서 기도해야 한다.

노르웨이의 숲

남편이 입원해서 2인용 병실에서 지내고 있는데 옆 침대에 새 환자가 왔다.

충남 태안에서 오신 60대 초반의 남자로, 밤새 통증을 호소한다. 아내는 담담하게 시중을 든다. 아내는 가끔 일본 작가 무라카미 하루키의 소설 《노르웨이의 숲》을 보고 있어서 내 책을 한 권 드렸다. 그녀는 다음 날 6인실로 옮겼다.

며칠 후. 수첩을 찢은 것 같은 작은 쪽지에 내 책을 읽은 독후감을 적어 가지고 와서 준다. 그 쪽지를 읽어 본다.

〈남편에게는 마지노선이 있다. 아들에게는 마지노선이 없다. 나이가 들수록 마지노선이 무너지고 있다.〉

〈아내가 방긋 웃을 때.〉

〈명실상부한 당신의 이름 기일혜. 많은 사람들의 기억 속에서 잊혀지지 않을 것입니다.〉

그는 내 책 중에서 마음에 남는 몇 구절을 써 가지고 왔다. 그러면서 나를 기억하겠다고. 나도 그의 이름 정○임을 오래 기억할 것이다. 내가 그를 오래 기억하려는 것은 그에게 '사랑의 빚'이 많기 때문이다.

남편이 퇴원하고 다시 병원에 가서 정○임 그를 만났을 때. 그가 반가워하던 모습!

"어떻게! 어떻게! 이렇게 만날 수가 있어요!"

좋아서 어쩔 줄 몰라 하던, 얼굴을 흔들면서 함빡 웃고만 있던 모습. 그의 반가움에 압도되어 선뜻 그 반가움을 받아들이지도 못하고. '어떻게 하면 저렇게까지 사람을 반가워할 수 있을까' 일종의 관찰자가 되어, 그에게 비하면 미미한 내 반가움을 순간 자책하느라고, 그때. 나는 복잡해져 있었다.

내가 있는 병실에 가끔 찾아와서도 어린애처럼 기뻐하며 좋아하던 모습이라니. 그 모습 보러 태안에 한번 가야 하는데, 그의 남편 치료가 아직 끝나지 않아서 못 가고 있다.

지금 그의 태안 텃밭에선 나 먹이려고 심었다는 상추만 무심히 자라고 있을 것이다.

우리는 영靈 가족

기다리던 소식이 고양시 강 선생에게서 왔다. 그 소식은 고양시로 이사 가신 강 선생 댁 방문에 관한 내용이다.

"…6월 22일 금요일 행신동으로 나들이 오실 수 있는지요?"

"예에 얼마나 기다렸는데요. 방문을 허락해 주셔서, 정말 감사합니다."

"네, 시간 내주셔서 감사드립니다. 행신역으로 11시에 모시러 가겠습니다… 제게는 과분한 선생님의 사랑입니다."

"우리(강 선생, 상추 여사, 경희 님, 기일혜)는 영 가족입니다. 11시까지 행신역으로 가겠습니다."

나는 영 가족이라는 말을 누구에게 처음 써 본다. 영 가족은 예수님 사랑 안에서 하나가 된 사람들, 영적인 가족이라고나 할까. 이번에 만나는 내 영 가족은 고양시 영 가족이고, 여수 순천 완주 정읍 장성 광주 정선에도 내 영 가족이 있다. 광명시 용인시 의왕시 남양주시 안양 수원 상계동에도 있고. 혈육의 가족보다 때로는 더 소중한 영 가족이다.

살다가 보면 내 영혼의 살붙이 같은 사람이 있다.

그러나 전혀 낯선 영혼이라도 연약하면 내 영 가족이 될 수 있다.

주님은 거룩하시지만 더러운 죄인인 나를 자녀 삼아 주셨다.

나와 다르다고 누구를 내 영 가족에서 제외하겠는가.

그가 예수님 사랑 안에서 살려고만 한다면.

그릇 깨는 여자

어느 목사님이 미국에서 사역할 때, 유학생 부부가 있었다. 그들은 부부싸움을 자주 했다. 원인은 아내가 그릇을 잘 깨기 때문이다. 가난한 유학생이라 지인들이 준 그릇인데, 자꾸 깬다고 남편은 화내고 아내는 상처 받고, 심각한 지경. 보다 못한 목사님이 나섰다.

"왜 그만한 일로 그렇게 싸우느냐? 내가 그릇 값 일 년에 100달러씩 갚아줄 게 제발 싸우지 마라."

그 얘기를 들으면서 요새 부쩍 그릇 잘 깨는 나를 생각한다.

내가 그릇 깰 때마다 놀란 남편이 '어디 다친 데 없어?' 하지만 아깝고 미안해서 자책하는 마음으로 괴롭다. 좀처럼 사그라지지 않는 아픔 속에서 내가 그릇 잘 깨는 원인을 분석해 보면, 내 손에 힘이 없어서다. 나도 모르게 딴생각하면서 일하기에, 그릇 잡는 손의 힘이 부실해서 그릇을 잘 놓친다. 손에 힘이 없어서 깨는데, 야단만 치면, 더 깰 것 같다.

그릇을 깬 사람은 이미 그 그릇이 아깝고 왜 나는 이렇게 모자랄까 하면서 자책하느라고 이미 충분히 괴롭고 아픈데,

거기다가 야단이라는 일격을 가하면 그건 확인 사살이다.

며칠 전. 사기로 만든 사발을 손에서 떨어뜨려 박살이 났다. 사발이 가볍고 무엇을 담든지 편안하고 넉넉해서 내가 애용하는 그릇이다. 아까운 마음에 멍하니 깬 그릇 조각을 보고 섰는데, 남편이 말한다.

"그릇이 깨져야 그릇 장사도 밥 먹고 살 것 아닌가."

너그럽고 여유있게 한마디 해 주자, 나도 따라서 "맞아. 그릇이 깨져야 그릇 가게가 살지. 그릇 만드는 기술도 발달할 것이고" 하면서, 남편 말 한마디에 그릇 깬 게 무슨 잘한 일이라고 흐뭇해지려고 한다.

그릇은 깨지면 안 되지만 사람은 깨질수록, 자아가 박살이 날수록 좋다. 견고해진다－사람이 된다.

빚 갚았네요

집으로 올라가는 엘리베이터 안. 얼른 문을 닫지 못한다. 현관으로 들어오는 인기척을 살핀다. 같이 올라가려고.

한번은 엘리베이터 안에서 누가 오나, 현관 쪽을 살피고 있는데, 아는 여인이 들어온다. 기다리고 있는 나를 보자, 그는 웃으면서 "고마워요" 나도 웃으면서 "괜찮아요" 하고 잘 헤어진다.

다시 어느 날. 내가 집으로 가려고 엘리베이터 앞으로 걸어가니 문이 열려 있고 그 여인이 기다리고 있다. 고마워하면서 들어가는 내게 그녀는 대뜸 하는 말이 "빚 갚았네요" 한다.

나는 처음에 '내가 언제 저 이에게 무슨 돈을 빌려 주었나?' 하다가, 아아아 전에 내가 기다린 걸 기억하고 그 걸 빚으로 여기고 있다가 그 빚을 갚았다고 하는구나. 기분이 별로 좋지 않았다. 좋지 않은 이유를 얼른 알 수가 없다. 미묘한 마음의 일이니까.

나중에야 깨달아진다. 나는 그때. 그녀에게 마음을 드렸는데… 마음을 마음으로 받으면, 갚을 길이 없는 법인데, 무슨 거래처럼 받아서 빚으로 여기고 있다가, 빚 갚았다고 하는구나… 그러나 그러나 그럴 수도 있지. 내가 좀 별나게 민감한 거야, 하고 말았다. 사랑은 모든 허물을 덮는다고 한다.

"미움은 다툼을 일으켜도 사랑은 모든 허물을 가리느니라"(잠언 10:12).

병상病床의 축복

남편이 입원한 S병원 병실에서 한 보름 지냈다.

입원해서 며칠 지나니까, 병실의 삶에도 익숙해지려고 한다. 병실에서 밤을 보내다가 새벽이면 5시 40분 첫 지하철을 타고 집에 가서 신문을 집어넣고, 가지고 갈 것을 챙겨서 다시 병원으로 간다.

남편의 영혼 구원救援을 확인하기 전. 병명도 못 찾고, 응급실에 있는 동안. 일이 있어서 잠깐 집에 혼자 들렀을 때. 텅 빈 집이 무섭고 앞으로 혼자 어떻게 살아가지, 하면서 큰 소리로 울었다. 그런데 병실에 입원하고, 새벽에 남편 구원을 확인한 날은 빈 집에 들어와도 무섭지 않았다. 텅 빈 집을 돌아보면서 혼자서도 잘 살 것 같았다.

'남편은 멀리 안 있고 바로 윗동네 천국에 가 있는데 뭐, 뭐가 무서워. 바로 저기 저기 가 있는데. 곧 나도 가서 만날 것이고' 하면서 고개를 들어 바로 윗동네를 바라보듯이 천장을 올려다보기도 했다.

병실에서 살다가 병원 밖으로 나와 일반인의 일상을 보면,

얼마나 느슨한지… 심심하고 지루하게도 보인다. 그날도 병원에서 새벽같이 와서 집단속 하고 가는데, 두 할머니가 아파트 구내에서 산책하다가 얘기하면서 서 있다. '저들은 무슨 재미로 사나?' 그들의 인생이 정지된 듯이 보인다. 그 할머니들을 보면서 나는 민첩하게 살아서 병원으로 간다. 병원에는 생과 사의 투쟁, 치열한 삶이 있다.

남편은 평생 건강하게 살면서 '아내를 양육하고 보호하다'(에베소서 5:29) 84세에 처음 병원에 갔다. 건강한 남편만 보다가 내 생이 끝났다면 남편의 절반밖에 모르고 산 삶이다. 아픈 남편, 병상의 남편을 보면서 남편 전부를 알게 된다.

모두들 건강 건강하지만, 때로는 건강보다 병상의 삶이 축복일 때도 있다. 남편은 병상에서 생명이신 예수님을 만났다. 건강하고 행복한 일상에서 예수님 만나기란 극히 어려운 일이다.

희생의 기쁨

얼마 전, 요양원도 함께 운영하는 시골 교회에 집회하러 갔다. 마침 그곳에 김장 봉사하러 온 도시 청년들이 있어서, 나도 참여해서 그들을 도왔다. 씻어 놓은 배추 뿌리를 다듬고 심부름도 하고. 내가 하는 심부름이란 여자 봉사자들 손에 낀 고무장갑이 손목으로 내려오면, 그 장갑을 잘 올려서 빨건 김칫국물이 옷에 묻지 않도록 해 주는 것. 또 김칫소 넣는 작업이 다 끝나고 뒷정리할 때, 빗자루로 배춧잎 떨어진 것 쓸어 내는 것.

처음에 나는 뭣 모르고, 자원봉사 온 젊은이들이 고마워서 이런 질문도 했다.

"세상에서 가장 큰 기쁨(행복)은 무엇이라고 생각하십니까? 사람마다 다 다르겠지요. 힌트를 드리자면 여러분들이 지금 하시는 일과도 관계가 있습니다."

청년들은 "돈일까? 좋은 차, 여자? 명예?…" 하다가 갑자기 조용해진다. 개그식 유머로 한창 재미있는데, 글 쓴다는 사람이 끼어 들어서, 무거운 주제로 왜 분위기 깨느냐는 거부

감의 표현이 아닐까.

"세상에서 가장 큰 기쁨은 희생이랍니다. 제 얘기가 아닙니다…."

청년들은 입을 더 꼭 다문다. 나도 입을 다물고 만다.

청년들의 침묵은 말하고 있다. '희생이 기쁨이라고? 옛날 우화 같은 소리 하고 있네.'

젊은 그들을 격려하려고 하다가 무안당한 느낌이었으나, 그들을 이해하기로 했다. 저들은 아직 젊으니까 기다려줘야지 하면서 김장 마칠 때까지 그들과 같이 일했다.

진눈깨비 내리는 날

장성읍• 버스 정류소에서 넷째 동생을 만나 그의 집으로 갔다. 제부가 반기면서 동네 장어집으로 데리고 간다. 장어집은 대도시 장어집 못지않게 널찍하고 청결하다. 제부는 어제도 친구가 와서 장어 먹었다고 하면서 내 앞으로 장어를 가만가만 놓는다. 나도 가만가만 장어를 동생이나 제부 앞으로 다시 옮긴다. 나이 들어가는 인생들의 모습이다.

장어집을 나오는데 겨울비가 내린다.

동생이 "언니 우산 써" 하는데, 내 눈에는 비가 아니라 진눈깨비로 보인다. 나는 지금 동생과 헤어져 광주로 가야 한다. 양순하고 유약한 동생과 헤어지는 것이 슬프다. 어른거리는 눈물은 내리는 겨울비가 진눈깨비로 보인다.

'부부는 옷이고 형제는 수족手足'이라는 말이 있다. 부부라는 옷은 벗어버리면(헤어지면) 남남이지만－형제는 수족과 같아서 없으면 아프고 불편하고－부부는 무촌, 형제는 1촌이라는 상반된 말도 있다. 인간관계를 한마디로 정의하기란 어려운 일.

어쨌거나 헤어지는 게 슬픈 내 동생. (2016년)

기 선생님 바람맞았대요

내가 정읍 홍순임 권사 댁에서 하룻밤 보내고 난 다음날. '완주 만남'이 있는 날이다. 출발 준비하고 있는데, 그곳 교회 사모에게서 전화가 온다.

"오늘 교회에 초상이 나서 오늘 모임은 안 되겠어요."

'완주 만남'이 갑자기 취소되는 바람에, 그날 하루 다음 날까지 내 여정이 비게 되었다. 나는 비어 버린 이틀을 효과 있게 보내려고, 정읍 숙소에서 순천 지인들, 광주 친구들에게 전화한다. 그날 그들은 다 예정된 일들이 있다.

정읍, 내 숙소에서 가까운 장성 임 시인이 생각나서 전화한다. 언젠가 아무 때라도 오시라는 그의 문자 서신을 기억하고서. 그는 오늘 시간 있다고 해서, 장성역으로 갔다. 임 시인이 남편과 같이 마중 나왔다. 그는 오후에 남편과 고추 모종 심으러는 일이 있으면서도 나를 오라고 했다.

그날 저녁에는 장성 문협 조 회장님이 부군과 함께 오시고.

회장님이 기 선생님이 어떻게 여기 오셨느냐고 하니, 임 시인이 농담조로 대답한다. "선생님 바람맞았대요."

완주 만남이 부득이한 사정으로 '캔슬(취소)' 됐다고 내가 임 시인에게 설명했는데, 임 시인은 '바람맞았다'고 실감 나게 정곡을 찌른다. 캔슬로 약간 미화하던 내 속내가 박살 나면서 통쾌해진다.

예의나 체면을 앞세워 솔직하지 못할 때가 있는 나. 칭찬을 많이 받고 자란 나는 나 자신에 대해서도 미화해서 말하는 경향이 있다. 이런 경향은 나의 성장을 막는다. 소설가로서 심각하다면 심각한 문제다.

숫굴 처녀가 보낸 문자 편지

서울 사는 딸 산간하러 오신 최 목사님(70대 초반)이 보낸 문자 서신 둘이다.

〈봄 그리고 벚꽃 피는 공원에서 만난 사모하는 벗. 그대의 글을 읽노라면 이 세상에서가 아닌 나의 살던 고향 동네에서 놀던 그때가 그립네요. 꿈속에 그리던 옛 고향 그 속에는 살구꽃 벚꽃이 멀리서도 한눈에 들어오는 곳이지요. 그 산골의 옛 이름은 숫굴이랍니다. 그러므로 제 별명은 숫굴 처녀랍니다.〉

〈…그냥 보고 싶은 선생님. 저는 지금 붙박이로 살고 있습니다. 왜냐구요. 우리 온유(외손자 생후 2개월) 때문에 자원해서 그렇게 살고 있지요. 지금은 그 도령님께서 주무시기에 가만가만, 행동도 가만가만 말도 가만가만 모두가 가만가만입니다. 그래서 전화도 못하고 메세지(메시지)만 보내드립니다. 선생님도 저에게 답장하실 때. 메세지(메시지)로만 해 주세요. 주 안에서 승리하세요. 최○○ 드림〉

숫굴 처녀가 보낸 문자 편지에 대한 내 답신이다.

〈목사님은 지금 외손자 온유하고 참 행복하십니다. 온유는 얼마나 많은 헌신의 세월이 가져다준 열매입니까. 숫굴 처녀가 외할머니 되셔서 좋으시겠어요.

올봄 4월에 벚꽃 핀 서울 어느 공원에서 만났을 때, 들기름 참깨 볶은 것 시골 콩을 주셨지요. 그날, 제 배낭을 보시고, 지나가는 말씀으로 '나도 이런 거 하나 사야겠다'고 하셔서, 그다음 만나는 날, 그 배낭 들고 가서 드릴 때, 두말 않으시고 명쾌하게 받아 주심– 근래에 처음 맛본 '온전한 기쁨'이었습니다.

누구에게 무얼 드릴 때, 온전한 기쁨 맛보기란 참 어렵습니다. '모든 물건은 주님 것'이라는 물질관이 확고한 이에게서만 맛볼 수 있으니까요. 목사님이 인간적인 물질관으로, 제가 드리는 배낭을 사양하든지, 망설이면서 미안해하면 제 기쁨이 확 줄어들거든요. 기일혜 드림〉

깊은 사귐을 위하여

책을 보내 드렸더니 양파와 감자를 보내셨다. 영암 회문리로 잘 받았다는 전화 드리니, 조 선생님이 받으신다. 이번에는 좀 많은 말씀을 하신다. 요점만 옮긴다.

"…언제 한번 영암에 선교 활동하러 오십시오… 서 장로님 사위가 목회를 하고 있고, 우리 교회도… 목포 ○장로님 교회도 있습니다… 꼭 한번 오십시오."

나는 그때, 여러 가지로 죄송해서 얼른 대답을 못 드리고, 이제야 드린다.

"저는 지금 집회 강사로 가서, 다수에게 생활예배 강의하는 것도 중요하지만 일정이나 시간에 제한받지 않고 한 영혼과 깊은 사귐을 갖는 것도 중요하다고 봅니다.

그러니, 저를 어느 교회나 모임에 소개하려는 부담을 갖지 마십시오. 앞으로는 집회보다 한 개인으로 자유롭게— 제가 좋아하는 사람을 찾아다니고 싶습니다. 제 영혼이 단순해지고 주님께 가까워지고 있기 때문입니다."

취향趣向 저격狙擊

박혜옥 님 댁에서 저녁을 들 때, 동석한 순정 님이 저녁 상차림을 보더니, 아주 좋아하면서 '취향 저격! 취향 저격!' 한다. 저 말이 무슨 말인가? 저녁상 반찬이 자기 취향에 꼭 들어맞는 음식이란 뜻인 것 같다. 확인하니, 그렇다고 한다.

나는, 저격이라는 무서운 말을 이렇게 써도 되나? 저격이란 곧 총, 사람을 죽이는 살인을 연상하게 되는데. 사전을 찾아보니, '특정 목표만을 겨냥하여 쏨'이라고 되어 있다. 한마디로 그날 저녁 반찬이 자기 취향에 적중해서 맞혔음을 극히 자극적으로 표현한 말이다.

요새는 내가 한턱 낸다는 말을 '내가 쏜다!' 하고 어른들도 잘 사용한다. '취향 저격!' 하는 젊은 순정 님을 나무라지 않는다. 내 보수적인 언어 감각에 거슬린다고 젊은이를 탓해서야 되겠는가.

그러나 나는 순정 님에게 이런 말을 덧붙인다.

"지금은 극도로 자극적인 말을 해야 직성이 풀리는 극단적인 감각 시대지요. 〈살인의 추억〉이라는 영화도 있었지요?

내용은 차치하고 제목만 가지고 말하자면, 살인이 한 인간의 추억거리에 불과하다는, 생명 경시의 풍조에서 나온 말 같지 않아요? 영화니까 괜찮다고 하면 할 말이 없지만."

순정 님은 박수를 치면서(?) 좋아한다.

"저는 이런 말씀 해 주시는 선생님이 너무 좋아요."

요즘 남자 중고생들의 얘기는 대부분이 욕이라고 한다. 악하고 더러운 언어는 악하고 더러운 사상을 만들고, 언어는 그 사람의 품격을 대변한다.

"무릇 더러운(악독한) 말은 너희 입 밖에도 내지 말고 오직 덕을 세우는 데 소용되는 대로 선한 말을 하여 듣는 자들에게 은혜를 끼치게 하라"(에베소서 4:29).

내 책은 안 읽어도

올봄, 정읍 숙소에서 묵고 있을 때. 다음 여정인 '완주 만남'이 부득이한 사정으로 취소되었다. 그날 아침에야 연락이 와서, 다음 행선지를 정하려고 여러 사람에게 전화하는데, 갑자기 순천 황순정 님 전화가 온다.

"선생님 웬일이세요?" "…내가 전화 안 했는데, 고장인가 봐요… 지금 완주 약속이 취소돼서, 순천이나 광주 쪽으로 가보려고 하니, 오늘은 다 약속들이 있어서, 장성으로 가게 됐네요. 순정 님은 오늘 시간 있으세요?"

"저는 언제라도 시간 낼 수 있어요."

"그래요. 진즉 순정 님한테 전화할 걸. 언제라도 시간 낼 수 있는 순정 님이 좋아요. 한번 만나러 가야겠네요. 연락하고."

"그래요, 언제라도 오세요."

모두들 시간 없다 없다 하는데, 언제라도 시간 낼 수 있다는 그가 참 매력 있다. 시간제 아르바이트지만 직장에 다니는 순정 님이 저렇게 여유롭게, 마치 자기가 시간을 지배하는 것처럼 당당하게 말할 수 있을까? 하긴 그는 시간을 창조하신 주님의 자녀니까. 어쨌든 그의 상식을 초월한 자유함에 끌려서, 며칠 뒤. 부랴부랴 순천으로 갔다. 그는 지난번 순천하늘향기교회에서 처음으로 잠깐 만났을 때. 나를 10년 기다렸다고 해서, 한번 만나고 싶었던 사람이다.

그날 늦은 오후. 순천역에는 챙이 넓은 모자에 약간 이국적인 분위기의 순정 님이 딸 주하 양을 데리고 나왔다. 그는 활달하고 거침이 없어 보인다. 심약한 나는 그의 광활한 자유분방에 위축이 되고 외로워지려고 한다. 그의 승용차로 순천만 근처의 그의 집으로 가면서, 나는 박혜옥 님에게 전화한다. 순정 님 집 근처에 사신다는 그분도 이번에 꼭 만나보고 싶었지만, 순정 님에게서 이국적인 낯섦 외로움이 느껴지자, 온화한 혜옥 님을 피난처 삼으려고 서둘러 전화한 것이다.

그는 직장에서 5시쯤 귀가한다고 해서, 순정 님 집에 들렀다가 5분 거리에 있는 혜옥 님 집으로 갔다. 가면서, 숙소로 돌아오면서 나는 순정 님에 대해서 궁금해하던 것을 묻는다.

"지난번에 보낸 내 책도 있고, 내 글을 좀 읽었어요?"

"아, 아니요." "아니 그럼, 나를 10년 기다렸다면서 무얼 보고 기다렸어요? 내 책도 안 읽고 내 영혼도 모르면서, 내가 어떤 사람인 줄도 모르고 10년이나 기다렸어요?"

"책은 안 읽었지만… 그 사모님이 기일혜 선생님 이야기를 하면서, 한번 꼭 만나보라고 해서, 그때. 제 마음에 선생님이 들어왔어요(?) 제가 살면서 어려울 때도 선생님 생각 많이 했어요." 초현실적으로 들리는 그의 얘기가, 내겐 잘 이해가 안 된다. 그는 어려서부터 혼자 예배드리고 찬양이 취미인 영적인 아이였다고 하지만. 내 얼굴도 글도 안 보고, 누구의 이야기만 듣고 그 영혼을 감득感得하고 신뢰하다니… 신의 자녀들에겐 사람이 알 수 없는 내면이 있으므로, 섣불리 판단할 순 없는 일이다.

앞으로 나와 친구가 되려면 내 글도 읽으라고 그녀에게 담담하게 말했을 뿐이다. 그는 그러겠다고 순하게 대답한다.

같은 주님의 자녀이지만 그와 나는 기질이 많이 달랐다. 그는 기발하고 담대하고, 예측불허의 기지機智 능수능란함. 그런가 하면 무한한 애정과 성실 근면 착함이 있고—풍부한 현실성, 풍부한 초현실성으로 인생을 종횡무진하며 산다고나 할까. 하루 잠시 만난 걸로 그를 잘 알 수는 없다. 내가 가늠할 수 없을 정도로 그는 넓고 크고, 깊은 영혼의 소유자인지도 모른다. 더 많은 만남과 사귐이 있어야 한다. 모호한 아쉬움과 미련을 남긴 채, 나는 그와 헤어졌다.

이번 순천 방문에서 순정 님, 이 장로님, 혜옥 권사님을 만났다. 이 귀한 만남들은 내 휴대폰 오류(?)로 인해서 시작됐다. 오류도 쓸모가 있구나. 주님 안에서 일어나는 우리의 일들은, 그것이 잘못이든 실수이든 오류이든—모든 것이 합력合力하여 선善을 이룬다.

이 장로님의 야심작野心作

비가 오는데, 순정 님 차로 순천 이 장로님(여) 댁으로 가고 있다. 순천역에 들러서, 그날 오후 1시 55분 전주행 열차표도 구입하고.

10년 만인가. 다시 만나는 이 장로님은 조용하고 꾸밈이 없는 예전 모습 그대로다. 집도 예전 그대로고. 비가 와서 더 아늑하고 오붓해진 거실에서 그가 만든 식혜도 마시고 칼국수로 점심을 잘 들고 전주행 열차에 올랐다.

어디쯤 가고 있는데, 이 장로님에게서 문자가 온다.

"제가 야심작으로 준비한 연한 열무김칫국을 냉장고에 넣어놓고 내놓질 못해서 아쉬워요… 직접 기른 여린 열무에 찹쌀풀 생강 마늘로 한껏 맛을 냈었는데…."

얼마나 온 정성 다해서, 그 여린 열무김칫국 만들었으면 '야심작'이라고 할까. 순간, 그 열무김칫국은 김칫국이 아니다. 작품이 된다—그래서 아쉬움이나 못다 함은, '다함'보다 낫고 '오래' 남는다.

3부

창경원에 38번 간 사람

유 목사님의 독후감

유 목사님이 보내주신 독후감을 여기에 싣는다.

자랑이라기보다 은혜로 보아 주시면 좋으리라. 내 글은 나 혼자 쓴 글이 아니라는 생각에서 드리는 말이다.

많은 분들이 글의 소재와 의견을 주시고, 그것들을 잘 기억하게 생각나게, 잘 표현할 수 있도록 주님이 도와주신다.

유 목사님의 전화번호를 몰라서, 양해 구하지 못하고 책에 싣는 무례함을 용서하시기 바란다.

〈1994년 11월 1일 자 제1집 《내가 졸고 있을 때》부터 제36집까지 단 1집도 빠짐없이 손수 귀한 수필집을 보내주셔서 그 고마움을 어떻게 표현해야 할지 모르겠습니다.

받을 때마다 감사를 표하고 싶었어도 혹시 청백淸白하신 집사님께 누가 될까 봐 마음속으로만 그치고 하나님께 축복해 주시기를 기원해 왔습니다.

저는 설교를 준비하다가도 책이 배달되면 일단 완독完讀하고 나서야 설교 준비를 끝낼 만큼 집사님의 애독자입니다.

36집을 이제 막 완독했습니다. 마지막 글 〈당신은 지금 아프니까요〉가 특히 감명 깊습니다. 내가 같은 여성이라면 속 깊이 나누고 싶은 정담거리가 많을 것 같은데 남자라서 한계가 있습니다.

집사님은 삶의 모든 마디마디 모든 순간이 다 소재가 되는 천부적 은사를 받았으니 하나님의 기뻐하시는 따님이심이 분명합니다. 참 믿음은 머리와 가슴과 손발의 합작품이라는 말이 있는데 집사님은 이의 끝판왕의 표상입니다.

늘 건강 잘 챙기시고 매사가 형통하시기를 축원합니다. 유○○ 드림〉

자랑과 은혜

한 20년 전쯤, 로스앤젤레스 어느 교회에 집회가 있어서 갔다. 그곳엔 적극적인 내 독자가 한 분 있었는데 그 아내도 만나게 되었다. 아내는 불의의 사고로 타인을 만나기엔 불편한 몸인데도 그날 나를 만나러 나왔다. 고마웠다. 그 아내가 나를 보고 어렵게 꺼낸 말이 있다.

"남편이 강사님 글을 하도 좋아해서, 나도 읽어 보았어요. 처음엔 자기 자랑 아닌가 하고 싫었어요… 그런데 지금은 아니어요."

그는 내 글을 좋아해서 그날, 불편한 몸으로 나를 만나러 나왔다.

어제 친구와 전화 중에 들은 말이다. 아는 여인에게 내 책을 한 권 줬더니, 못마땅한 얼굴로 자기 자랑하는 것 아니냐고 해서, 친구가 한마디 해줬다고 한다.

"당신은 그게 자랑으로 다가오나? 나는 은혜로 다가오는데… 나는 저렇게 못 사는데, 어떻게 하면 저렇게 살지, 하고 존경하는 마음이 되면서 오히려 부끄러운 마음이 드는데…

자랑으로 들려서 싫으면, 이 책이 지금까지 나오겠나? 은혜로 다가와서 좋아하니까, 36권 37권까지 계속 나오지."

그 여인은 "내가 못 돼서 그런가…" 하더란다.

자랑에 대해서 하나님이 하신 말씀이 생각난다. 구약 예레미야서 9장에 있다.

"자랑하는 자는 이것으로 자랑할지니 곧 명철하여 나를 아는 것과 나 여호와는 사랑과 정의와 공의를 땅에 행하는 자인 줄 깨닫는 것이라 나는 이 일을 기뻐하노라 여호와의 말씀이니라"(렘 9:24).

엎질러진 물은 담을 수 없지만

글을 한 달 동안 죽 쓰고 있다.

계속 글을 쓰면서 비현실 세계에 오래 머물러 있으니까, 글을 쓰고 나서 곧 집안일을 하면 어질어질하고 몸 중심 잡기가 어려울 때가 있다. 근들근들하다 휘청거리고 나도 모르게 손에 든 음식을 흘리고 쏟고 그릇을 깨고. 어제도 그랬다.

〈수레국화가 피었습니다〉 재작년에 써놓은 글인데, 평범한 제목, 내용이 맘에 안 든다.

커피나 한잔 마시면서 생각하자, 커피를 머그잔에 가득 담아 가지고 책상 위에 놓는다. 의자에 앉으면서 흔들거리던 팔이 커피잔을 내리친다. 커피는 성경책 문학지 노트 메모지 책상 위의 모든 것 위에 골고루 튕기면서 쏟아진다.

부리나케 마른걸레 가져다 닦아내고, 몇 번을 빨아 닦으면서 자책과 실망으로 머리가 텅 비워진다. 걸레 든 김에 방바닥 거실도 닦으면서 머리는 더 비워지고 몸만 움직인다.

그때—그 빈 머리에 '생각 하나'가 지나간다. 의도도 안 했는데 '생각 하나'가 지나간다.

'길가에 그냥 길가에 그냥' 나는 그 생각을 잡는다.

〈수레국화가 피었습니다〉 제목 대신 〈길가에 그냥〉으로. 그리고 어렴풋이 떠오르는 생각… 나는 처음에 길가에 그냥 버려진 고아 같은 죄인이었지.

엎질러진 물은 담을 수 없고, 쏟아진 커피도 담을 수 없지만, 엎질러진 물을 한참 바라보고 있으면… 쏟아진 커피를 무심히 닦아내고 있으면… 넋 놓고 있는, 텅 비워진 머리에 새로운 생각이 지나가는구나. 실수 실패 낙망 절망-내 자아가 죽은 그 자리에- 전보다 더 좋은 생각을 주시는구나.

우리들의 실패 속에서 일하시는 하나님. 실패 속에서 기적을 만들어내시는구나.

길가에 그냥

몇 년 전, 봄이던가. 군산에 있는 시골 교회에 갔다.

교회 꽃밭에는 희귀하고 화려한 꽃들이 많이 피어 있다. 그중에서 한 꽃이 가슴으로 꽂히듯이 들어온다. 꽃밭 한구석에, 나달나달한 이파리가 달린 가는 줄기에 피어 있는, 카네이션 모양의 청보라색 꽃송이. 곧 사모에게 묻는다.

"아니 이 꽃이 무슨 꽃이어요?"

사모는 대수롭잖게 대답하신다.

"수레국화요. 이거 작년엔가, 길가에서 두어 포기 떠다 심었는데, 이렇게 피었네요."

"길가에 그냥 피어 있더라고요! 이렇게 고운 청보라색 꽃이 길가에 그냥."

나는 믿기지 않는다는 듯 '길가에 그냥'을 반복하면서 수레국화를 오래 보고 있다.

"강사님 어서 타셔요!"

수레국화를 넋 놓고 바라보고만 있는 내 등을 사모가 툭 친다.

나도 처음엔 저 수레국화처럼 '길가에 그냥' 버려진 더러운 죄인이었지. 예수님이 오셔서 죄의 더러운 옷, 사망이라는 영벌永罰의 옷 벗기시고 성결한 의의 옷 입혀서 거룩한 하나님의 자녀 삼아 주셨지.

인간이 죄罪 문제를 해결하지 않으면, 예수님을 인격적으로 만나지 않으면- 길가에 버려진 고아처럼 더러운 죄의 옷 입고, 계속 헤매다가 영원히 죽을 수밖에 없다.

날 좀 가져가요

내가 무엇으로 가득찬 것같이 답답할 때가 있다.

이걸 어디 누구에게라도 퍼내고 비워야 살지, 가만 있으면 나른해지고 불쾌해진다. 샘물이 가득 고이면 흐려지면서 죽은 물이 되듯이.

그때, 한 자매에게서 자기 주말농장에 가자는 전화가 온다.

"인덕원 사거리 버스 타는 데서 만나요. 12시 반."

약속한 장소에서 만나 10분 달려서 그의 주말농장에 도착한다. 자그마한 야산, 소나무 도토리나무 밑. 채소밭이 내려다보이는 편편한 곳에 돗자리를 깔고 앉는다. 자매가 점심을 꺼낸다. 점심을 들고 있는데, 건너편 농장의 여인이 지나간다. "점심 잡수세요." "먹었어요." 자매와 여인이 대화한다.

여인이 사라지자 자매는 나직하게 말한다.

"저 여자 점심도 싸 왔는데, 점심 먹었다고 하네요."

그는 내 저녁 찰밥까지 싸 왔으니 '그럼 오늘 찰밥 도시락 몇 개를 싸 왔다는 거야. 직장 일로 새벽부터 근무하는 그가 하루 쉬는 날 주말농장에 오면서… 아무리 바빠도 자기 삶에

성심을 다하고 있구나. 내가 요즘 작고 소중한 걸 많이 놓치고 있지 않나?' 가슴으로 섬뜩한 찬바람 한 줄기가 지나간다.

오후 내내 이따금씩 떨어지는 도토리 소리를 들으면서, 떨어진 도토리 찾으려고 두리번거리고 웃으면서, 그와 나의 생명은 무엇으론가 비워지고 채워지고 있다.

내 이야기를 퍼내고 비워진 자리에 그의 이야기가 담아지고… 퍼내고 비움으로써 내 생명이 깨끗해지면서 새 이야기로 채워진다.

생각이나 느낌, 사물事物로 가득 차서 무거워진 마음은 가끔 '퍼내고 퍼주는 비우기 작업'이 필요하다. 성도의 교제, 이웃과의 나눔이라는 이름으로. 내 영혼육이 썩지 않기 위해서.

닳고 닳은 면이 조금도 없는

고흐의 화집을 보면 〈우편배달부 루랭〉이라는 작품이 있다. 고흐가 아를르에서 가장 가깝게 영속적인 우정을 가졌던 사람이라고 한다. 그가 직접 루랭에 대해서 쓴 글이 있다.

> "그의 눈은 캐묻는 듯한 부드러움을 가지고 있었다- 호소하는 듯한 부드러운 무엇인가를 루랭에게서 느꼈다. 그는 얼마만큼은 애처로우리만큼 소박했고 루랭의 말에는 닳고 닳은 면이 조금도 없었다."

내가 서두부터 고흐 이야기를 한 것은, 어제 우리 집에 오신 순천 강 권사님 이야기를 하고자 함이다. 그를 못 만난 지, 10년쯤 된다. 얼마나 변했을까? 두려운 맘으로 그가 와서 기다린다는 우리 아파트 정자 옆으로 간다. 그를 본다. 그의 옷차림이나 말투나 행동이 조금도 변함이 없다. 한마디로 그는 '닳고 닳은 면이 조금도 없는' 여인이다. 빼어난 미모를 가지고도 미모를 의식하지 않는 여인. 미와 겸손 정직이 있다.

지금도 여전히 미모를 드러내지 않는 수수한 차림은 '애처로우리만큼 소박했고' 젖은 듯한 눈은 '캐묻는 듯한 부드러움을 가지고 있었다.'

우리 집에는 30분이나 머물렀을까. 곧 일행들이 기다리는 고속버스터미널로 간다기에, 아쉬움 많은 나는 무작정 그를 따라나선다. 그를 보내고 돌아온다. '닮고 닮은 면이 조금도 없는 사람'을 보내고 허전하고 쓸쓸하게.

'서울은 사람이 흔하고도 귀하다.'

몇십 년 전에 들었던 어느 촌 할머니의 진담珍談이 생각난다.

그림 한 점도 안 받은 정죽 님

자주 거실을 걸어 다닌다. 밤중이나 새벽에 잠 안 올 때. 무슨 생각이 막히거나 골똘히 생각할 때. 나는 긴 나무 의자에 앉아서 벽에 걸린 그림들을 보기도 하면서. 어느 날 거실의 그림을 보다가 문득 정죽 님의 말씀이 생각난다.

"우리 집에 유명한 좋은 그림 많았지요… 방에 가득했어요. 나는 아버지한테 그 그림 한 점도 달라고 안 했어요. 주신다고 한 그림도, 나중에 잊어버리고 안 주시더라고요. 그래도 달라고 안 했어요."

"나 같으면 달라고 했을 것인데…."

나는 생각을 바꿔 본다. '이 거실의 그림을 누구에게 다 줘버리고 흰 벽을 보면서 살라고 하면- 못할 것이다….'

미美에 대한 탐심이 있고, 그림 한 점 없는 흰 벽의 적막도 감당 못 할 것이다. 내 탐심은 이렇게 변명한다.

'지금 내겐 흰 벽의 적막보다 휴식이 필요하다고-아름다운 그림도 보면서 매일을 살아야 하는 삶이 필요하다고.'

내 탐심은 계속 변명하고 있다.

한 달 내 보고, 두고두고 보고

무더운 여름날. 어느 할머니와 통화한다. 그가 내게 하신 시원한 말씀은 이렇다.

"…내가 그림을 이렇게 좋아하는 줄 몰랐어요. 달력에 나온 그림인데 냉장고에 붙여 놓고, 보고 보고 한 달간이나 보고, 두고두고 또 보려고 해요. 내가 사람이 바뀌었다니까… 내 평생에 처음 느껴 봤어요. 전에는 집에 그림이 없었으니까… 그림을 쳐다보고 있으면, 평화가 오고 외롭고 그런 마음이 싹 없어져요." "심미안을 가지셨네요."

"아니어요. 거기서(그림) 그런 느낌을 주네요. 나는 시골에서 자라서, 미술에 대해선 잘 몰라요… 그림은 외국 튤립 꽃밭인데, 자연에서 하나님을 느낀다고 하잖아요."

할머니는 달력 그림에서도 무한한 평화로움을, 위안을 얻고 있다. 생활과 예술이 하나가 되고 있다. 사랑할 때는 다 시인이 된다고 하듯이, 인간과 자연에 대한 무한한 애정을 품고 사시는 할머니. 하나님의 자녀인 할머니는 시인이요 예술가요 창의성을 가진 우수 인간이다.

11시 풍산역

오늘 아침 나는 한껏 즐거운 표정으로 오늘의 내 일정을 남편에게 보고한다. "…내가 아까 문자를 보냈지요. '오늘 갑니다. 11시 풍산역' 하고, 거기서 답장이 왔네요. '네… 오늘 무지 덥다고 하는데요. 이따 뵙겠습니다' 하고. 그래서 내가 또 보냈지요. '네에. 그래도 집사님 만나면 시원해요' 하고." 나는 의기양양하게 말한다.

남편은 가만히 듣고만 있다가, 내가 보낸 문자를 전혀 다르게 반대로 해석한다.

"그쪽에선 당신 문자 보고 '나를 차가운 여인으로 알고 있구나' 하지 않겠어."

"예에? '시원해요'라는 말을 '차가움'으로 받는다고요? 그렇게까지 나쁘게요?… 하긴 듣고 보니, 그럴 수도 있겠다 싶네요. 똑같은 말이라도 듣는 사람에 따라 극과 극으로…."

예상밖의 남편 해석에 나는 좀 당황한다. 상대방도 내 마음 같을 거라고 언제나(?) 믿고 있는 나의 단순성, 언어의 불완전성을 통감하는 아침이다.

압화壓畵 만드는 여인

젊은 친구가 사는 남쪽 어느 읍내에 갔다.

친구는 대화 중에 이런 말을 한다.

"어느 사모님이 선생님 책을 읽고 한번 만나고 싶다고 해요… 그 교회에서 한번 강사로 부를 겁니다…. 그 사모는 저를 보고 '당신을 얼마나 키우시려고 그런 시련을 주시지…' 해요. 제 사정을 다 알거든요."

친구의 말을 들으니, 그 사모를 꼭 만나고 싶어진다. 성도의 시련을 하나님의 은혜로 보는 믿음. 고난을 견디는 내 친구를 인정해 주는 영적 안목. 사람들은 누가 환란을 당하면, 무슨 잘못을 했나 죄를 지었나, 의심부터 한다. 하나님은 우리의 환란 속에서 일하시고 기적을 만들어 내신다.

나는 친구에게 부탁한다.

"그 사모에게 지금 전화해 보세요. 꼭 보고 싶네요."

그 사모에게 전화하니, 사모는 집에 있고, 지금 와도 좋다고 해서, 우리는 서둘러서 간다.

사모를 만나자, 내가 온 이유부터 설명한다.

"…사모님이 제 친구를 인정해 주시고, 친구의 고난을 은혜로 보시기에 꼭 만나고 싶었어요."

성악을 전공했으나 지금은 압화壓畵 만드는 예술가의 삶도 사시는 사모. 거실에는 고가구와 압화가 어우러진 분위기가 특별하다. 그가 만들어 준 동충하초차를 마시면서 말한다.

"이쪽에 왔다가 아름다운 집에서 차를 마시고 싶으면 들르겠습니다."

"언제든지 오셔요."

나는 차를 마시면서 생각한다. 이 사모에게 내 글에 대해서는 한마디도 않고 있다. 작가로서 여기 온 게 아니고 친구에게 주신 격려에 감동해서 왔으니까.

나는 하늘의 별 같은 우정의 경지를 모르고, 친구를 위해서 목숨을 버리는 숭고한 희생의 경지도 모르지만, 오랜 시련을 견뎌내고 있는 친구에 비하면 내 글은 아무것도 아니라는 것- 그것쯤은 안다. 내 글은 사람을 위해서, 사람을 위로하고 세우는 데 쓰는 조그만 막대기에 불과한 것이다.

장애인의 날을 맞아서

장애인의 날을 맞아서 김주하(순천도사초교 4) 양이 지은 〈함께 사는 세상〉이라는 동시다. 이 동시는 교내 글짓기 대회에서 우수상을 받은 작품이다.

〈이곳은 지구 / 많은 인종들이 살고 있다 / 그중, 비장애인과 장애인/ 모두 함께 살고 있다.

// 그런데 비장애인은 / 함께 사는 장애인들을 / 멸시하고 있다. // 모두 함께 사는 가족인데 / 가족에게 이래도 되나?〉

주하 양(황순정 님의 따님) 집에 가서 밤을 보내고 난 아침, 주하 양은 거실에서 성경 잠언을 읽고 있다. 매일 아침 기도하고 성경 읽고, 학교 공부 끝나면 하늘향기교회에 가서 신앙 훈련받고. 이런 주하 양 마음엔 장애인을 가족처럼 여기는 마음이 자리하고 있다. 장애인에 대해서 이렇게 깊은 애정과 신심信心을 나는 아직 가져 본 적이 없다.

신선한 싸움

5월 22일의 아침. 남편이 아침 준비하고 있는 내게 말한다.

"큰애 생일이 지나갔는데, 늦었어도 문자라도 넣어주지 그래."

"아아 나 지금 피곤해요. 어질어질해요."

"그래도 요새 일본 손님이 두 팀이나 와서, 경황이 없어서 늦었다고, 보내면 되지."

"그럼 당신이 좀 하세요. 신선하게."

남편은 더 이상 말없이 안방으로 들어가고 아내도 말이 없고. 얼마가 지났는데 남편이 나와서 아내에게 말한다.

"큰애한테 전화했네… 너도 이제 나이 쉰이니까 중년이다…."

"중년이다, 그 말이 좋네요. 인생의 때를 아는 아버지가 할 수 있는 말, 엄마인 나는 도저히 할 수 없는 그런 말이네요."

"그런데 당신, '신선하게' 그런 말은 안 하는 거야."

"왜요? 당신은 아내가 한 말을 기억했다 나중에 따지는 게 안 좋아요. '신선하게' 그 말이 그렇게 기분 나쁘다고요? 그럼 그거 빼버려요, 빼버려요. 안 한 걸로.”

피곤하고 어지러운 아내는 거칠게 무례하게 받는다.

그날 오전 친구에게서 전화가 와서, 아침에 남편과 말다툼한 얘기를 했더니, 무조건 내 남편 편인 친구는 말한다.

“…당신 남편은 인생에 의미를 두고 사는 사람이라 아들에게도 신중하게 말했겠지요. 네 나이 중년이라고.”

“그런데 내가 남편에게 ‘당신이 좀 전화하세요 신선하게’ 했더니, ‘신선하게’ 그런 말은 안 하는 거라고 합디다. 왜 그러지요? 아마 아내에게서 문학 냄새 나는 말이라 그랬을까요.”

“그럴지도 모르지요. 그런 냄새가 나긴 나네요… 그런데 지하철에서 노부부들 얘기하는 소리 들으면, 저런 얘기를 왜 여기서 해야 되나, 할 때가 많아요. 당신 부부는 일상의 얘기라도 다르지요… 오늘도 격조 높은 신선한 싸움이네요.”

“그래요? 신선한 싸움이라, 그럴까요?”

된장 떨어진 것도 아시는 하나님

2년 전이던가. 소화가 안 돼서 늘 고생하는 친구에게 명품 된장 4통(1통 2킬로그램)을 주문해서 드린 적이 있다. 두고두고 오래 자시라고. 그 후 2년 정도 시간이 흘렀다.

그러니까 2년이 지난 오늘. 친구는 나를 만나서 내가 준 된장 남은 걸 도로 주겠다고 한다. 앞으로 먹을 것만 좀 남기고, 2통 반이나 준다고 한다.

오늘. 지하철 신분당선 정자역 1번 출구 쉼터에서 만나, 친구는 된장을 주면서 말한다.

"그때. 된장 주실 때 보니까, 우리 집 된장이 다 떨어졌더라고요… 아 하나님이 나 된장 떨어진 것까지 어떻게 아시고, 이렇게 많이 주시는구나 했지요… 나 된장 떨어진 것도 아시는 하나님이 내 된장 남아 있는 것도 아시지 않겠어요. 내가 된장 많이 갖고 있으면 예수님이 '남은 된장 나누지 않고 너 뭐 하고 있니?' 하시지 않겠어요.

집사님은 된장 다 남 주고 없을 것 같아서 드리려고요. 그런데 어째서 이 생각이 이제야 나지요."

내가 지금 된장이 꼭 필요한 줄 아시고, 하나님이 이제야 친구에게 그런 생각을 주신 것이다. 사람의 마음도 만들고 생각도 만드는 하나님이 아니신가. 이사야서 45장 7절의 말씀이다.

"나는 빛도 짓고 어둠도 창조하며 나는 평안도 짓고 환난도 창조하나니 나는 여호와라 이 모든 일들을 행하는 자니라 하였노라"(이사야 45:7).

분당 안 선생님

작년. 며느리 독주회가 끝나고 손님들이 돌아갈 때.

아들이 와서 누가 나를 찾는다고 한다. 음악당 로비에서 만나보니, 처음 보는 할아버지(78세)다. 인사하시는 태도 말씨 분위기가 어디서 많이 본 사람 같다. 어디서 보았을까?

'아아 저 모습은 바로 나, 내 모습이 아닌가.'

그는 분당에 사는 내 친구 이 선생이 소개해서 독주회에 오셨다. 이 선생에게 책을 보내면 친구는 그분에게도 드렸다. 내 책을 읽은 그는, 내 책을 주문해서 주위 분들과 나누시고.

어제. 모란역 근처에서 그분, 안 선생님과 친구와 점심을 들었다. 그와 대화하면서 알게 되었는데, 그는 큰 출판사를 경영한 사업가요, 지금도 사회 정의를 위한 모임에서 활동하시는 고전 같은 모범 인생을 사시는 분이다. 나하곤 천양지판天壤之判으로 다르다.

나는 사람에 대한 환상 때문에 사람을 과대평가하거나 과소평가한다. 제대로 보려면 그 사람을 만드신 하나님께 의지할 수밖에 없다.

거실은 나의 세계

오늘. 친구를 만나고 돌아오는 부푼 가슴.

'집에 가면 거실 가구 배치를 확 바꿔야지.'

오자마자 그 생각을 실천한다. 북향 방에서 잠자고 있는 길고 무거운 천 소파를 간신히 들어서 거실로 옮긴다. 거실 벽을 따라서 놓여 있던 그림 몇 점을 북향 방으로 옮기고, 그 자리에 천 소파가 놓인다. 거실 한쪽 벽이 긴 소파와 나무 장의자로 죽 이어지자, 긴 선線이 되면서 무한감을 준다. 숨이 쉬어진다. 짧게 단절되는 것은 싫다. 무한하게, 끝없이 이어지는 게 좋다.

천 소파가 보드라워서 벌렁 누워 뒹굴어도 보고.

천은 나무와 다르다. 나무 의자는 시원하고 간결하고 위생적이지만 천 소파는 포근한 온화함이다. 이렇게 좋은 걸 모르고, 6년간이나 북향 방에 놓아두었을까? 주부의 생각 하나, 미의식이 집 안 분위기를 좌우하는구나.

거실은 내가 살아가는 하나의 세계다. 삶의 절반을 이 거실에서 보낸다. 열린 공간이라, 거실 한 켠 주방에서 밥상을 차리면서 TV를 보고, TV를 보면서 세계를 알아가고.

모네의 그림들을 보면서 거니는 산책로가 되고 고향 들판이 되고… 그동안 내 안목과 미의식이 좀 높아졌을까. 이제야 집 안의 센터인 거실이라는 공간을 내게 맞는 편안한 곳으로 만든다. 다음은 얼마 전, 신문에서 본 글이다.

〈'인생을 바꾸려면 공간을 바꿔야 한다.' 철학자 앙리 르페브르가 쓴 말년의 역작 '공간의 생산' 핵심 내용이다. 공간은 그저 비어 있고 수동적으로 채워지는 곳이 아니다. 공간은 매순간 인간 상호작용에 개입하고 의식을 변화시킨다….〉

공간은 살아서 인간 상호작용에 개입하고, 더 놀라운 건 공간은 인간 의식을 변화시킨다는 것이다. 주택이라는 공간을 맡아서 관리하는 주부는 이런 '공간의 생산'을 염두에 두고 '공간을 창조하는' 가정 관리를 배워야 하지 않을까 하는 생각이 든다.

어린 딸이 보낸 어버이날 선물

5월 8일 어버이날. 12세 소녀가 엄마에게 보낸 선물이다.

〈엄마는 왜 우리에게 말할 때. 엄마는 항상 웃고. 엄마는 절약하고. 엄마는 편식도 않고. 엄마는 남을 칭찬만 하고… 엄마는 우리에게 그런 말만 하지요. 엄마는… 그게 자랑이라는 걸 왜 모르세요? 이제는 그런 자랑 하지 마세요.〉

그 엄마는, 본을 보이면서 자녀를 가르치는 언행일치의 삶을 산다. 그런 엄마에게 어버이날 아침에 어린 딸이 이런 선물을 하다니… 엄마의 언행일치의 삶도 자기를 가르치는 교훈으로 쓰면, 자녀는 자기 자랑이라고 거부한다.

하물며 언행일치의 삶도 살지 않으면서 가르치기만 하면, 자녀는 증오심을 품게 될지도 모른다. 두려운 일이다. 자녀들은 부모의 실수에도 용서가 없는 무서운 신의 눈초리로 자기 부모를 주시하고 있다.

그래도 그런 딸의 충고를 어버이날 선물이라고 내게 자랑하는 그 엄마는 훌륭하시다.

이 낭만적인 초겨울 아침에

어제, 동생과 숭실대 뒷산 산책로를 걸었다. 오늘 아침에 보니, 동생이 스마트폰으로 사진과 글을 보냈다. 어제 오후 4시경에 왔는데, 이제야 보고 늦게 답을 보내면서, 문자로 생각과 마음을 주고 받는다.

동생: "사진도 남기고 참 좋은 하루(어제)."

언니: "더 참 좋은 하루, 오늘도 만들까?"

동생: "너무 좋지. 12시 숭실역(숭실대입구역)에서 만날까?"

언니: "그래, 그러자 좋다! 그런데… 갑자기 부끄러워진다."

동생: "웬 뚱딴지같은 소리. 난 모르겠네."

언니: "(이 부끄러움. 누구 앞에서일까. 너와 하나님 모든 세상 앞에서일까? 어제, 나와의 산행이 좋았다고 하니까, 네가 갑자기 부끄러워지는 거야… 나와 동행이 좋았다는 네가, 동생 아니고 한 인격체로 보이면서 수줍어지는 거야. 왜 그런지는 몰라. 누가 나를 좋아한다고 하면 갑자기 부끄러워지는 것, 그런 거 아니겠니?)

너는 참 잘도 웃기는 사람. '뚱딴지같은 소리' 한 달은 두고 날 웃길 것 같다."

동생: "난 언니하고 많이 달라. 항상 느껴. 하지만 현실 상황에 맞춰 그냥 사는 거지."

언니: "…'웬 뚱딴지같은 소리 난 모르겠네' 하는, 네 솔직성이 감동을 주는 거야… 내가 너와 다름– 항상 느낀다고? 나도 네가 나와 달라서 경이롭게 사랑스럽게 바라보곤 한다… 내가 지금 너를 골치 아픈 소설가 만들려고 한다. 장황한 얘기 미안하다. 이 낭만적인 초겨울 아침에."

잘 차려입으세요

어느 날. 아들에게서 온 정중한 전화 내용이다.

"…다음주 금요일 시간 내실 수 있어요? 애들 엄마는 교회 일로 참석할 수가 없고… 잘 차려입으세요."

그날 손자(고2)가 '잠비아 생태 마을 후원을 위한 자선 음악회'에 출연(비올라 연주)하니, 참석해 달라는 부탁이다. 걱정이다. 세상에서 가장 어려운 손님은 아들이라는 말도 있듯이, 오랜만에 부탁 겸 초대하는 아들의 청이다. 남편과 동행하기로 하는데 '잘 차려입으세요' 하던 아들의 말이 걸린다.

늘 운동화에 배낭 메고 다니는 엄마가 걱정되는 아들에게, 어떻게 하면 그날, 잘 차려입은 엄마로 보일까. 그렇다면 잘 차려입는다는 기준은 뭘까. 신분과 나이 장소에 어울리는 옷, 자기 형편에 맞게.

그날 저녁 7시. 자선 음악회는 참여한 고등학생 남녀 6명(바이올린 비올라 첼로) 전원 합주로 시작이 된다.

출연한 학생들이 무대로 나와서 인사하자, 내 앞에 앉아 있는 아들이 고개를 숙여서 그 인사를 받는다. 그렇게 고개까지 숙여서 정중하게 인사받는 관객은 내가 보기에 아들 한 사람뿐이다. 그 모습을 보고 왠지 어미 된 마음이 놓인다. 어머니는 자녀가 나이 먹어도 잘못 살까 봐, 항상 조마조마하고 아슬아슬하다.

음악회가 끝나고, 아들은 애들과 같이 손님 모시고 가고. 사돈 내외분이 우리를 집까지 데려다주신다. 헤어질 때. 사부인이 인사하시면서 "옷이 참 멋있는데요" 해서 나는 "이거 누가 주고, 얻은 거예요" 한다.

아들이 나를 데리러 와서도 내 옷차림을 보고 '엄마 좋은데요' 하고 손녀(고1)도 '할머니 멋져요' 해서 약간 안심이 되기도 한다. 나는 늘 당당하지 못한 엄마요 할머니다. 왜 그럴까? 늘 내 일에만 빠져 있는 나. 자손들에겐 이기적이고 불성실하기 때문일 것이다.

부부의 아침 한때

우리 집에는 오래된 해피트리 두 그루가 있다. 거실이나 베란다에 있는 키가 큰 해피트리에서는 이른 봄부터 초가을까지 소리 없이 꽃이 피고 지곤 한다. 꽃 색깔이 연두색이라 초록 잎 사이에서 숨은 듯 꽃이 피어서 잘 보이지 않는다.

오늘 아침에도 연두색 꽃송이들을 찾아내고 한마디 한다.

"너는 왜 꽃 색깔이 그러냐. 좀 새뜻해야 알아보지, 뭔 꽃 색깔이 한참 들여다보아야 알아보니. 너도 참 답답하구나."

남편이 옆에서 듣고 꽃 편이 되어서 변명한다.

"저도 그런 색깔로 피고 싶어서 그랬겠는가… 그렇게 생겼는데 어쩔 것인가."

남편의 나무람에 깨달음이 오면서, 갑자기 꽃들에게 투정한 게 미안해지면서 측은한 생각이 든다. 말도 못 하는 꽃들에게 내가 참 못할 말을 했구나.

꽃에게 투정하는 건 그 꽃을 만드신 하나님께 투정하는 것이다. 주님 죄송합니다.

안심은 최고의 우상이다

남편이 다니는 경로회관에서 청남대로 가을 나들이를 갔다. 돌아올 때쯤 비가 조금 왔다. 길이 막혀서 저녁 8시 다 되어서야 회원들 실은 버스가 아파트 앞 도로변에 섰다.

회원이 한 4, 50명 갔는데, 우산 가지고 마중 나온 사람은 나하고 어떤 아주머니 둘이다. 아마도 어린 자녀들이 이 빗속 어둔 밤 시간에 온다면 보호자들이 어린이 수보다 더 많이 나왔을 것이다.

남자 노인들은 대부분 우산 없이 이슬비 맞고 가고, 여자 노인들은 넣어가지고 다니는 양산을 꺼내서 쓰고. 남편은 내가 가지고 간 내형 우산을 쓰고 가면서 한마디 한다.

"우리 아파트 사시던 김○○ 씨 혼자 가시는 것 같아서 우산 드린다고 하니, 괜찮다고 하대. 아내가 나오기로 해서 기다린다고."

"그래요. 잘하셨어요. 참 잘하셨어요… 근데 가만있자, 3층 할머니가 안 보이네. 내가 다시 갔다 올게요."

남편 혼자 가고, 나는 아까 관광버스가 섰던 도로변으로 다시 간다. 할머니가 없다. 오늘 놀러 안 가셨나. 한참을 걸어서 다시 오니, 남편이 아파트 현관 입구에서 말한다.

"3층 할머니 올라가시데. 집사람이 3층 할머니 모시러 갔다고 했더니, 양산이 있어서 쓰고 오셨다고 하던데."

"그래요. 이쪽은 계단이라 저쪽 길로 돌아서 오셨구나."

남편과 나는 무심히 집으로 간다.

'무심히'는 생각을 별로 안 하는 상태다. 이 저녁. 우산 없이 비 맞고 혼자 집으로 가는 노인이라면, 가면서 많은 것을 생각할 것이다. 인생 노년에 대한 슬픔이나 외로움 허무함은, 무심無心이나 안심 편안함보다 많은 것을 생각하게 할 것이다. 생각을 해야 사람은 자라고 성숙하고 사람이 되는 것. 공평하신 하나님이다.

'안심安心은 최고의 우상이다.' 마르틴 루터의 말이라고 한다.

행운목 꽃 피다

6년 전 이사 올 때, 친구가 준 행운목 한 그루가 있다.

6년 간 자라고 자라서 거의 천장 높이다. 그 키 큰 행운목에 올해 4월 우윳빛 탐스런 봉오리가, 잔뜩 기대를 주면서 부풀어 오르더니, 드디어 개화가 시작- 이건 실망이다.

꼭 미운 오리 새끼같이, 우윳빛 봉오리에서 서숙(조) 모개같이, 갈색 알갱이 듬성듬성한 꽃줄기가 나오더니, 한 15센티미터로 늘어진다. 참 별일이야. 며칠을 참고 기다렸다.

한 열흘이나 지나자, 서숙 모개같이 늘어진 꽃대에 맺혀 있는 갈색 알갱이들이 클로버 꽃봉오리만 하게 봉긋해지더니, 또 며칠이 지나 잊을 만할 때, 그 10여 개 봉오리들이 하얗게 일제히 만개한다. 장관이다. 오후 5시쯤 되면 아카시아 라일락 향기 섞어진 거 같은 게 온 집 안에 진동한다.

밤이 깊어지면 향기는 사라지고 꽃잎도 닫히고, 다음 날 오후 5시쯤이면 또 어김없이 10여 개의 탐스런 꽃송이 속, 자디잔 꽃송이 수백 개가 하얀 등을 켜고 진한 향기를 발한다. 이러기를 한 일주일 열흘. 무슨 마술 부리는 것 같은 희귀한 꽃이다.

이제 행운목은 사명을 다하고 의젓하게 서 있다.

남편은 거름을 사다 주면서, 행운목 영양 보충시키라 하고.

나는 생각한다. 왜 우리 집 행운목이 그렇게 탐스럽게 오래 꽃을 피웠을까?… 몇 년 전 기다랗게 늘어진 나뭇잎들이 칙칙해서 몇 이파리만 남기고 다 잘라 버렸다. 그렇게 또 몇 년이 지나니까 새 이파리가 나서 한 10여 개. 이파리에게 빼앗기는 영양이 꽃 피우는 데 모아져서 그런 장엄한 아름다움을 보여준 것 아닐까?

친구네 집 행운목은 아직도 꽃은 안 피우고, 이파리 수십 개만 달고 있다. 그 많은 이파리들 거두다 보면 꽃 피울 여력이 있겠는가.

인간도 마찬가지다. 여러 일을 잘할 수가 없다. 주님도 다 잘하라고 안 하신다. 세상 것에 한눈팔지 않고 주님 말씀대로 살려고 하면, 그 마음을 보시고 크고 탐스런- 나에게 어울리는 '내 꽃'을 피워 주실 것이다.

'나 다운 나' 되는 게 진정한 영웅이 되는 것이라고 한다.

외숙모는 천사야

누가 한 말인지는 생각이 안 나지만 이런 말이 있다.

"기억은 왜곡하기도 하고 감싸기도 하는 위대한 능력을 지닌 사상의 어머니다.

기억. 그것은 기록이 아니다. 기록이 아니다."

전주 영자 님이 내게 들려준 이야기가 있다.

한번은 급하게 초인종이 울려서 문을 열었더니, 옆 동 아파트에 사는 시누이의 아들인 초등학교 4학년인 조카가 울고 있다. 조카는 울면서 말한다. "외숙모 나 집 나왔어요. 외숙모 집에서 하숙할 거요."

왜 나왔느냐고 물으니 고등학교 다니는 형이 자기를 때렸다고. 영자 님은 그날 저녁 조카를 잘 재워서 보냈다. 조카는 가끔 외숙모한테 와서 밥도 먹고 스트레스도 풀고 간다. 김밥이나 아이들이 좋아하는 별미를 해 주면 맛있게 먹고, 외숙모 음식이 최고라고 하면서 집에 가서 엄마한테 말한다.

"외숙모는 천사야."

영자 님이 이 사건을 적어 둔 기록이 있다면서 보내주겠다고 하더니 보내지 않고 있다. 나는 영자 님이 써 둔 기록보다 영자 님의 얘기만 듣고 내가 기억한 걸 쓰기로 한다.

위에서 인용한 글처럼 내 기억이 영자 님의 기록보다 내 사상이 더 많이 담겨지기 때문이다. 물론 기억은 '왜곡하거나 감싸기도' 하겠지만 그런 왜곡 감싸줌에서 어떤 사실의 배후나 밑바닥에 가라앉아 있는, 못다 한 속내가 더 담아질지도 모른다. 그러면서 글을 쓰는 작가도 읽는 독자도 사상의 폭이 넓어지고 깊어지지 않을까. 그래서 기억은 모든 사상의 어머니라고 한 것이 아닌가.

기록은 사건 중심적이고 기억은 정황, 심정 중심적이라고나 할까. 똑같은 사건을 겪어도 관점이나 심정적 느낌은 차이가 있다. 나와 관점이나 느낌이 다르면, 그 사실을 '왜곡하거나 감싸주는 것'처럼 보여지기도 할 것이다.

그러나 우리는 언어화하지 못하는 많은 것들을 심중 깊은 곳에 지니고 있다. 눈에 보이는 사건 사실만이 전부가 아니다. 그건 전체의 한 부분일 수도 있다. 미궁迷宮 같은 사람 속을 인간이 가진 언어로 어떻게 다 기록할 것인가.

그런 의미에서 기억은 기록이 아니다. 위대한 능력을 지닌 사상의 어머니다.

어느 인쇄소에서 본 신사

내 책 표지를 인쇄하는 인쇄소에 갈 때가 있다. 출판사 편집 실장님과 같이 간다. 표지는 책의 얼굴이기에 표지 인쇄는 책을 만드는 중요한 부분이다.

인쇄소 이름은 잘 모르지만 그곳에 가면 내가 신사라고 부르는 분이 있다. 충무로의 복잡하고 긴 인쇄 골목을 지나가노라면 내 몸은 언제나 지쳐버린다. 그 몸으로 인쇄소에 들어서면 무슨 화학 약품 냄새가 진동해서 머리가 아프다. 그런데 그 인쇄소에서 책임자로 일하시는 그 신사를 만나면 기분이 좋아진다.

그는 우리를 보고도 고개만 끄덕이고 말이 없다. 어떤 때는 거대하게 길고, 둥그런 검은 통 위에 올라가서 뭘 점검하는지 엎디어 있기도 한다. 친절하지도 않고 그렇다고 불친절하지도 않고. 오직 자기 일에만 열중하고 있다. 사람은 말을 안 해도 그 인격이 드러나는 법이다.

처음에 인쇄된 표지를 보면 항상 색상이 짙게 나와서 맘에 안 든다. 우리는 그에게 더 연하게 밝게 해달라고 주문한다. 두 번째 인쇄된 표지도 처음 것보다는 나아도 아직도 짙다. 우리가 더 밝게 요구하면 그는 단호한 어조로 말한다. 마치 자기 전문성에 대한 도전을 허용할 수 없다는 듯.

"더 이상 밝게는 안 됩니다."

"예에 그럼 이대로 해 주세요."

이것이 그와 우리가 나누는 대화의 거의 전부다.

그가 어떻게 저런 신사의 품격을 갖추었나? 자기 일에의 몰두, 자기 분야의 전문인으로서 당당한 자신감, 자기 일을 사랑하는 투철한 가치관이, 쉽게 범접하지 못할 권위와 인격을 만들어내지 않을까. 인쇄소의 그 신사는 몇십 년을 그 일만 해 온 실력자라고 한다.

정情을 못 떼는 사람들

오래전에 내가 살던 복도식 아파트 이웃에는 허리가 꼬부라지고 연세가 많은 할머니가 사셨다. 그는 직장생활 하는 딸네 집에서 살림해 주고 손자 손녀 키우면서 오래 사셨다. 가끔 그 할머니가 내게 하신 말씀이다.

"사람 정情은 하나지, 둘이 아니여. 지 남편 지 새끼한테 정 가면 어미한텐 없어, 없어."

딸에 대한 정을 못 떼고 매달리는 가련한 할머니다.

우리 어머니도 예수님 믿기 전에는 그 할머니와 크게 다를 바 없었다. 가끔 내게 한탄하듯 하소연하듯 말씀하셨다.

'일혜야, 내가 언제 ○준이 한테, 이 속에 말 다 하고 죽는다냐.'

○준이는 내 오빠 이름이다. 70 넘어 예수님 믿고, 80 넘어 우리 집에 오셨다. 3년 사시는 동안 성경 1독하고 창세기 4복음서 10번 읽고. 근처 교회에 다니셨다. 그때 다니시던 우리 아파트 노인당에서는 어머니를 '성경 읽는 할머니'라고 불렀다.

어머니가 예수님을 만난 그 무렵에 내가 어머니께 물었다.

"어머니, 지금도 아들한테 하고 싶은 속에 말이 있소?"

"아아니다. 그런 맘 하나도 없어야. 성경 말씀이 어쩌면 그렇게 재미가 있다냐. 꿀송이 같다는 말이 맞아야."

그렇게 아들에게서 정을 못 떼던 어머니가 예수님 믿고 성경 읽으시더니, 아들에게 가는 정을 떼고 정서적으로 독립하셨다.

"그리스도 예수의 사람들은 육체와 함께 그 정과 욕심을 십자가에 못 박았느니라"(갈라디아서 5:24). 개역 한글

지도자의 자기 집필 능력自己執筆能力

"…고대 로마제국의 초석을 닦은 율리우스 카이사르를 역사상 가장 위대한 지도자로 꼽는 사가史家가 많다. 그 이유 중 하나가 피 튀기는 전쟁터에서도 '갈리아 전쟁기'와 같은 명문장을 남겼기 때문이다. 우리는 언제나 이런 지도자를 만날까?"

율리우스 카이사르만 위대한 지도자일까?

예수님 믿는 하나님의 자녀는 그가 처한 삶 속에서 다양한 모습으로 하나님이 보시기에는 다 위대한 지도자다. 가정에서 일터에서 사회에서 예수님처럼 살아서, 본을 보여야 하는 생명의 지도자다.

그 글에서 필자는 강조한다. 지도자는 '자기 집필 능력'을 갖춰야 한다고. 그 부분도 옮겨 본다.

"'자기 집필 능력'을 갖추려면 어떤 전제 조건이 필요할까? 먼저 독서가 이루어져야 한다. 유교 문명권의 특징은 독서인讀書人을 양성하는 데에 있었다…. 책을 읽는 행위야말로 인간을 변화시킬 수 있는 가장 보편적인 방법이라고 여겼던 것이다… 독서는 과거 역사에서 가장 지성적이었던 인물들과의 대화이다. 수평적 대화가 식사 자리 차茶 자리에서 이루어진다면 수직적 대화는 독서이다… 동아시아 유교 문화권의 과거科擧 제도라는 것도 따지고 보면 '자기 집필 능력'을 테스트하는 일이었다…."

지도자는 독서로 자기 집필 능력을 갖춰야 한다는 것.

한마디로 자기 생각이나 의견을 자기가 글로 표현할 줄 알아야 한다는 말이다. 자기 집필 능력이 독서로 이루어진다면, 최고의 양서는 성경이다. 인도 독립의 위대한 지도자, 간디는 자기 가방 속에 꼭 성경을 넣어가지고 다녔다는 이야기는 많이 알려진 사실이다.

밥보다 이야기

정읍 홍순임 권사 댁에서 점심식사 후.

홍 권사는 밥상의 반찬을 냉장고에 넣으려고 한다. 넣고 다시 꺼내고 복잡하다. 내가 그에게 말한다.

“이 상의 반찬 치우지 말고 주방에다 내놓고, 뚜껑만 잘 덮어서 놔둡시다. 내가 들어서 내놓을게요. 아직 더운 날씨도 아닌데, 냉장고에 안 넣어도 돼요.”

그는 킥킥거리고 웃으면서 그래선 안 된다고 하나, 내가 우긴다.

“밥하고 반찬 만들고 설거지하다 이야기는 언제 해요. 내가 먹으러 왔어요. 이야기하러 왔지. 이 밥상, 그대로 뒀다 저녁에도 먹고. 낮에 한 밥 있지요? 밥 새로 하고 국 끓이는 시간 낭비 말고. 물론 밥이 중요할 때가 있지만 지금은 나하고 이야기하는 게 중요하니까요.

‘밥보다 이야기’ ‘밥보다 이야기.’”

홍 권사는 웃음을 못 참겠다는 듯 막 웃어댄다. 덩달아서 나도 막 웃고.

동생 잘 있소

어느 농촌. 한 성도님 댁. 밤이다. 안방에는 다섯 사람이 앉아 있다. 한 권사 부부 이 권사 부부 나. 그들이 출석하는 교회에 나는 강사로 갔고. 다섯 사람이 정답게 모여 있으나 나누는 대화는 비장하다. 누가 시키지도 않았는데 자기가 살아온 삶들을 통째로 꺼내놓는다.

지난날. 그들은 많이 비통하고 절통하면서 살았다. 이제는 무거운 인생의 짐들 다 내려놓고 주님 품에 안겨 있다. 장하지 않은가. 그동안, 사랑하는 자녀들을 잃기도 하고 암에 걸리고, 술 먹고 부부싸움 끝에 머리를 다쳐 가출도 하고, 내기 놀음에서 한 재산 잃고 사우디에 가서 죽도록 일하고, 돈을 벌어 보기도 하고 몽땅 잃어버리기도 하고… 모진 풍파 인생을 하나님 앞, 강사인 내 앞에 다 털어내 놓는다.

참으로 놀라운 일이다. 점잖고 잘생긴 70대의 남자들, 반듯한 어머니들이 몇 번 만난 여자 강사를 신뢰하고, 자기의 감추고 싶고 드러내기 싫은 치부라면 치부를 당당하게 토설하는 것. 그것도 어린아이처럼 서로 앞다투어, 자기 잘못 실패 환란 재앙들을 자랑한다. 예수님 믿는 믿음 아니면 어떻게 이런 일이 일어나겠는가. 저들은 내 인생과 신앙의 선배들. 그 간난고초를 어찌 다 이겨내고 우뚝 섰는가.

자정이 가까워지자, 이웃에 사는 이 권사님 부부는 자기 집으로 가시고. 한 권사님 부부의 통절한 얘기가 새벽 1시 반까지 계속된다. 그들 인생에 대한 용기 정직 성실 앞에서 나는 할 말을 다– 잃어버리고.

다음 날 아침 헤어질 때다. 나는 대기한 차에 오른다.

배웅하는 한 권사님 부부에게 뭐라고 인사하고 헤어져야 할까? 그들 부부에게 가장 힘이 될 말을 생각하다가 불쑥 나온 말– 전혀 예상치도 않는 말이 튀어나온다.

"동생 잘 있소… 제부도 잘 계시시고요."

기씨와 한씨는 본本이 같으니 결혼 안 한다는 말이 있다. 그걸 기억하고 나는 한 권사 당신을 동생 같이 아낀다, 언니처럼 내가 당신을 후원하고 친구가 되어 주겠다는 마음을 순간적으로 그렇게 표현한 것. 그러니, 원통해 말고 괴로워도 말고 잘 살라고. 사람이 사람에게 무슨 도움이 되겠는가. 그렇지만 그렇게 말이라도 하지 않고 마음이라도 전하지 않고는 도저히 떠날 수가 없는 내 심정이었다.

한 권사 남편 서 집사님은 근엄하게 잘생긴 분. 내가 감히 제부라고 하기엔 너무 어려운 분이라, 말이 잘 안 나와서 더듬

느라고 '… 제부도 잘 계시시고요' 어색하고 어색하게 말했다.

누구에게 혈육적인 호칭을 절대(?) 쓰지 않고, 누가 나를 그렇게 부르는 것도 아주 싫어하는 나. 그런 내가 "동생 잘 있소!" 하다니… 이 말 속엔 그들 부부에게 보내는 내 애정, 의지, 신앙이 녹아 있다. 말에는 책임이 따른다. 그 부부와의 우애가 변하지 않기를.

다슬기 선물

정읍 백암교회 집회에 갔다가, 근처 홍 권사 댁에 들렀다.

비닐하우스에서 뜯은 상추와 반찬이 놓인 점심 밥상에 다슬기 삶은 게 놓여 있다. 까서 먹어 보니, 어려서 먹던 맛이다.

"이 고동(고둥) 어디서 났어요?"

"친척 오빠가 잡아다 줬어요. 트럭으로 식자재 팔러 다니는데, 오빠가 유식해요. 책도 많이 읽고. 선생님 책도 드렸더니 글 잘 쓴다고 그러대요."

"그래요. 그 오빠 한번 만나보고 싶네."

"날마다 여기 와요… 어떤 때는 6시쯤에 오기도 하고, 늦으면 7시에도 오고 그래요."

우리는 그 오빠를 만나려고 오후 5시 반이 넘어서자 문밖으로 나갔다. 대문가에 앉아서 그가 식자재 트럭을 몰고 오기를 기다렸다. 6시 넘어도, 6시 반쯤 되어도 '오빠의 트럭'은 나타나지 않는다. "물건이 안 팔리면 늦어요. 여기저기 도느라고."

7시가 넘고 해 질 무렵이 되자, 드디어 그 오빠의 트럭이

나타난다. 나는 낯선 남자(60대 후반) 분과의 초면이 서먹해서 어색해하고 있는데, 그는 운전석에서 가볍게 내리더니 활달한 자연스러움으로 나를 제압한다. 그는 청바지에 개성 있는 모자를 썼고 몸은 경쾌하리만큼 날렵했다. 시골 아저씨가 아니고 세련된 도시 아저씨다. 아니, 그보다도 무불통지無不通知의 자유인이라고나 할까.

그는 다슬기를 또 잡았다고 하면서, 작은 물병에 담은 걸 내게 준다. 다슬기가 숨 쉬라고 뚜껑에는 여러 개의 구멍이 나 있다. 홍 권사 오빠 문 선생은, 점심시간이면 냇물 근처에 차를 대고, 냇물에 들어가서 다슬기를 잡는다. 높은 지대로부터 물이 떨어지는 맑은 냇물에서 사는 다슬기는 싱싱하다. 그걸 잡아다 동생 홍 권사에게도 주고… 물이 떨어지면서 물보라를 일으켜, 주위 공기가 시원하고 깨끗해서, 다슬기 잡고 있으면 피곤이 풀린다. 트럭에서 한 시간 잘 때보다 더.

그는 주어진 시간을 건강하고 효율적으로 쓸 줄 아는 신실한 교회 집사님이다.

시골 식자재 트럭 안에 저런 지적인 신사가 앉아 있었구나 하고 생각하니, 사람은 어디서나 겸손하지 않으면 안 된다는 생각이 든다. 문 선생은 다시 트럭을 몰고 남은 물건 팔러 가시고 우리는 집 안으로 들어온다. 나는 문 선생이 준 다슬기 병을 소중하게 들고서… '오늘은 굉장히 대단한 분을 만났구나.' 내 인적人的 재산이 늘어나는 뿌듯한 하루였다.

음식은 신앙이다

그날 오후. 순천 대대교회 박혜옥 권사님은. 내 저녁을 준비하면서 이 장로님에게 내 식성을 물었다. 내가 외식을 싫어한다는 걸 알고 집에서 저녁상을 차렸다. 한두 시간 전에 내가 간다는 연락을 받고, 급히 차린 저녁상이다. 된장찌개, 송로버섯 볶음, 쑥갓나물, 피조개, 멸치볶음, 잘 구운 생선. 여행 중인 노인의 소화를 위해서 밥은 흰밥.

음식이 개운하다고 하니, 그는 '음식은 신앙'이라고 한다. 그는 오염되지 않은 깨끗한 음식을 만들려고 노력한다. 우리 몸은 성전聖殿이니까. 오염되고 불량한 음식은 성전인 몸을 더럽히고. 그래서 음식은 신앙인가.

그날 밤. 순정 님 댁으로 와, 잠을 자는데 유난히도 알아보게 속이 편하다. 깨끗한 음식을 드니 속도 이렇게 편안하구나. 다음 날 아침. 혜옥 권사에게서 문자가 온다.

"…저녁 드신 것은 속이 편안하셨는지 모르겠습니다."

"네에 아주 편안했습니다."

순천 대대교회 쪽에서 부는 바람

정확한 사실을 근거로 하는 글을 쓰고 나면, 확인이 필요할 때가 있다. 그런 의미에서 순천 박혜옥 님에게 확인 문자를 보낸다.(문자 서신이 좋은 점은 전화와 달리, 상대의 시간을 즉각 뺏으면서 상대의 심기를 건드리지 않고, 내 기분을 언짢게 할지도 모르는 상대의 언짢은 목소리를 안 들어서 좋다. 좀 이기적인 얘기 같지만.)

혜옥 님에게 보낸 문자 서신 내용은 이러하다.

"제가 대대교회 가서 집회한 지, 몇 년 되었지요? 한 10년- 정확한 햇수면 더 좋아요. 답을 주세요. 그것과 관련된 원고가 있는데 곧 넘겨야 하니까요… 제 글에 대대교회 박혜옥 권사님이라고 해서 책이 나와도 양해해 주시겠어요?"

"네, 20년쯤 되었습니다. 아들 초등학교 2학년 때로 기억하고 있습니다. 그 아들이 29살이 되었네요."

"…20년 전 강의를 기억하시네요. 이번에 제가 〈내 친구가 되는 조건〉이라는 제목으로 권사님 이야기를 썼습니다.(용서하세요.) 권사님은 제 친구 될 자격 충분합니다. 권사님 친구로서 자격 미달될까 봐, 제가 두렵지요… 순천 대대교회 쪽의 따듯하고 든든한 기운이 서울 저의 집까지 전해 옵니다."

지역사회에서도 본이 되게 목회하시는 순천 대대교회 공 목사님. 그 지역을 든든하게 지키고 계신다. 그래서 그 교회 쪽에서 부는 바람은 순천만 일대를 따듯하게 품어 주면서도 시원하게 해 주고 있다. 교회에서 세상으로 부는 바람은 맑고 따듯하면서도 시원해야 한다. 그래야 세상이 더 따듯해지고 밝아지지 않겠는가.

과찬過讚에 약한 나

어느 노인(시인 78세) 독자의 이야기다.

'선생님 같은 분을 내 생애에 한 번이나 뵈올 수 있을까?'

그 말에 감격한(?) 나. 좀체로 만나지 않은 남자 독자(노인이지만)를 그날, 지하철 4호선 이수역에서 만나 근처 식당으로 갔다. 한 5시간 동안 그 독자가 살아온 평생을 경청했다.

그는 불굴의 의지, 정신일도 하사불성精神一到 何事不成으로 살아온 비범한 사람이다. 서울시청 공무원으로 2, 30년 근무하다 정년퇴직 후. 5년 동안 매일 교보문고에 책 읽으러 다녔다. 시청 공무원 때는 그날그날 신문지가 새까맣도록 한자 쓰기 연습해서 한문에도 능통하고. 문재文才가 있어 시인이 되고. 그 집념이 무시무시하다.

그의 얘기를 듣고 집으로 돌아온 나. 어지러워서 누웠다. 그의 능력이나 재능이 많이 없어져야, 더 인간답고 시인답지 않을까? 막연한 생각을 하면서 계속 누워 있었다.(2017년)

창경원에 38번 간 사람

내 친구는 소설 쓰는 데 참고하려고 창경원에 38번이나(?) 갔다. 고흐는 그림을 그리러 몽마주르 언덕을 50번쯤 갔고.

다음은 고흐에 관한 글이다.

"한 가지 사물을 오랜 시간에 걸쳐 바라보면 성숙함과 깊은 이해력이 생김을 그는(고흐) 깨달았다. 그는 몽마주르 언덕 기슭에 있는 밭을 관찰하러 그곳에 50번쯤 가 보았다."

고흐 같은 천재도 그렇게 준비와 연습을 많이 했구나. 연습은 완전을 만든다니까.

얼마 전에 정선 생명나무교회 야생화 사모가 보내준 문자편지다. "집사님 수필집을 옮기면서 지금까지 총 몇 편을 쓰셨나 적어 보았어요. 총 1,942편을 쓰셨네요!!"

내게 중요한 것은 글의 양도 문학성도 아니다. 영성이 있는, 주님 맘에 드는 글이다.

나는 젊어 한때. 10여 년 동안 한 친구를 거의 날마다 만났다. 그 뒤에도 한 10년은 가끔 만나고. 친정 모임에도 빠지면서 그를 만났다. 내가 만나주어야만 그가 살 것 같은, 주제넘은 보호 본능에서. 몇 년 전에, 동생이 그때를 이야기한다. "아이그! 그 언니 친구 말이야, 그땐 정말 미웠어. 언니를 그렇게까지 잡고 안 놓아주고…."

내가 잡고 있었는지도 모른다.

나는 그 친구를 만나면서 인간을 알아갔다. 한 인간을 여성을 깊이 알면 인생을 깊이 알 수가 있다. 10년 20년 동안 그 친구를 수천 번 만났다. 앞에서 '한 가지 사물을 오랜 시간 바라보면 성숙함과 깊은 이해력이 생김을 그는 깨달았다'고 하지 않은가. 예술성이 풍부한 친구를 수천 번 만나면서 나는 성숙해지고 인간에 대한 깊고 다양한 이해력이 생겼다고나 할까. 그 수천 번의 만남은 지금 많은 사람을 만나 교제하고, 글 쓰는 밑거름이 되고 있다.

등단 무렵

내가 소설가로 추천받아서 문단에 등단할 무렵의 이야기다.

현대문학에 초회 추천을 마치고 두 번째 완료 추천을 기다리고 있을 때, 내 소설을 추천하는 선생님 댁에 들렀다. 선생님이 조금 쌀쌀하게 대하신다. 기분 안 좋은 일이 있으셨는지, 내가 선생님 심기 건드리는 무슨 일이라도 저질렀는지… 그 뒤, 선생님 집에 가지 않았다. '추천 안 받으면 말지. 내가 소설가 만들어 달라고 부탁한 것도 아닌데, 나는 뭣보다 자유와 평화가 있어야 해. 그래도 혹시 모르니까, 완료 작품은 써 놓고.'

남의 눈치 보며 사는 부자유나 불안을 감수하면서 소설가가 되고 싶지는 않았다. 애초에 소설가 되고 싶은 생각은 추호도 없었으니까. 추천은 선생님의 일방적 강권으로 시작된 일이다. 나중에 소설가 되고 싶으면 신춘문예라는 당당한 등용문도 있고. 아주 오만한 생각을 가지고 있었다.

선생님의 집에 발걸음을 끊은 지 1년쯤 뒤, 선생님에게서 연락이 왔다.

“기일혜 씨, 왜 한 번도 안 와요… 소설 써놓은 것 있으면 빨리 가지고 와요.”

나는 써놓은 단편소설 〈소리〉를 들고 갔다. 선생님은 내 소설을 읽고 독후감을 말씀하신다.

“기일혜 씨에게는 특별한 데가 있어요. 무슨 영감을 받아서 이 소설을 썼지요?… 한 자도 고치지 말고 현대문학에 가지고 가세요.” 내 소설이 추천 완료되는 순간이었다.

선생님은 1년이나 소식 없는 무례한 제자를 용서하시고 소설가로 등단시켰다. 젊은 날. 오만 덩어리이던 나는 사람들의 도움과 용서함으로 오늘의 내가 되었다. 전에도 누누이 말했지만, 나의 나 된 것은 전적으로, 하나님의 사랑이다.

나를 강하게 하는 것들

나의 젊은 날. 수천 번이나 만난 친구가 있다.

그렇게 그를 만난 이유가 있다. 좋아해서만이 아니다. 그의 약함 때문이다. 그는 전국 주부백일장에서 나와 같은 수상자로 만난 친구다.

한번은 그의 집에 갔을 때. 나누는 대화 중에서, 그의 독단독선을 느끼고 더 이상 사귈 수 없다, 하고 나는 조용히 일어섰다. 그때. 그때다. 앉아 있던 그가 갑자기 내 치마를 꽉 붙잡는다. '기일혜 씨! 당신까지 나를 버리면 어떻게 해요!'

나는 거기서 한 인간의 절대 진실을 보았다. 자존심도 수치심도 다 버린 한 인간의 벌거벗은 진실을. 그 진실은 나를 세게 끌어당겼다. 나는 그 앞에 주저앉았다. 순간 결심했다. 끝까지 당신을 지켜주리라 도와주리라.

그때부터 내 눈에는 남편이나 어린 두 아들보다 그가 먼저 보였다. 그는 내 남편이나 아들들보다 더 약자였기 때문이다. 그 뒤. 남편이나 아들들이 당한 불이익이나 불편은 다 말할 수가 없다. 그는 당시 이런 말도 했다.

'나는 지금 청량리 뇌병원으로 실려 가야 해요.'

그가 약할수록 그를 더 만났다. 그와 만나선 이야기만 한다. 그와 나의 끝도 없는 이야기는, 해가 지고 늦은 저녁이 되어서야 겨우 중단이 된다. 이상하게도 중요한 이야기는 해가 지고 어두워져서야 나오곤 했다. 이야기는 가로등이 켜진 저녁에야

'기일혜 씨 이젠 가 봐야지요.'

그가 나를 놓아주는(?) 식으로 끝이 났다. 허겁지겁 집으로 돌아오면 가족들은 내가 해서 줄 늦은 저녁을 기다리고 있다.

한 10년은 거의 날마다 그를 만났다. 다음 10년은 띄엄띄엄 만났고. 지금은 그가 내 맘에 없다. 그는 이제 강한 여인이 되어 떠났다.

그는 풍부한 예술성을 가진 여인이었다. 그의 예술성은 내가 오랫동안 그를 만난 이유도 된다. 풍부한 예술성 때문에 생활인으로서는 약한, 그 약함이 나를 강하게 끌어갔다.

그밖에도 많은 약한 사람들과의 만남이 평생 계속되었고 그들은 나를 강하게 만들었다. 내 맘속은 약한 자들이 많이 들어와 살다가, 강해지면 떠난다. 앞으로도 많은 약한 사람들이 들어와서, 나를 더 강하게 만들 것이다.

성경 고린도후서 12장 말씀을 보면서, 나는 힘을 얻는다.

"나(바울)에게 이르시기를 내(주님) 은혜가 네게 족하도다 이는 내 능력이 약한 데서 온전하여짐이라 하신지라 그러므로 도리어 크게 기뻐함으로 나의 여러 약한 것들에 대하여 자랑하리니 이는 그리스도의 능력이 내게 머물게 하려 함이라 그러므로 내가 그리스도를 위하여 약한 것들과 능욕과 궁핍과 박해와 곤고를 기뻐하노니 이는 내가 약한 그때에 강함이라"(고린도후서 12:9–10).

나를 강하게 하는 것들 | 37집

초판 발행일 | 2018년 9월 28일

지은이 | 기일혜
발행인 | 임만호
발행처 | 도서출판 **크리스챤서적**
주　소 | 서울 강남구 선릉로 112길 36 창조빌딩 3F(우: 06097)
등　록 | 제10-22호(1979. 9. 13)
전　화 | 02) 544-3468~9
F A X | 02) 511-3920
e-mail | holybooks@naver.com

책임편집 | 임영주
디자인 | 이선애
제　작 | 임성암
관　리 | 양영주

Printed in Korea
ISBN 978-89-478-0346-5 03230

정가 4,000원

※잘못된 책은 교환하여 드립니다.